नोबेल शांति पुरस्कार विजेता

मलाला

(नारी स्वतंत्रता की निर्भीक योद्धा)

AF664031

कृतिका भारद्वाज
अशोक कुमार शर्मा

डायमंड बुक्स

© प्रकाशकाधीन

प्रकाशक : डायमंड पॉकेट बुक्स (प्रा.) लि.
X-30 ओखला इंडस्ट्रियल एरिया, फेज-II
नई दिल्ली-110020
फोन : 011-40712200
ई-मेल : wecare@diamondbooks.in
वेबसाइट : www.diamondbooks.in
संस्करण : 2025
मुद्रक : रेप्रो (इंडिया)

Noble Shanti Puraskar Ki Vijeta Malala
By : Kritika Bhardwaj & Ashok K. Sharma

यह पुस्तक मेरे स्वर्गीय दादा–दादी श्री मूल चंद शर्मा व श्रीमती भरतो देवी और मेरे नाना–नानी श्री दयानंद शर्मा तथा श्रीमती मनोरमा देवी को समर्पित है।

आभार

आप किसी प्रेरणा के अभाव में लेखक बनने की कल्पना तक नहीं कर सकते, ऐसा होना असंभव है। जैसा कि हम कहते हैं कि हर सफल प्रयास के पीछे, बहुत से लोगों का हाथ होता है, यहां भी ऐसा ही है। मैं डायमंड पॉकेट बुक्स के चेयरमैन नरेंद्र कुमार वर्मा जी की हृदय से आभारी हूं, जो इस पुस्तक लेखन के दौरान मेरे सहायक रहे। उन्होंने मेरी लेखन क्षमता पर अपना विश्वास प्रकट किया और मुझे बताया कि कुछ भी असंभव नहीं होता, उनके कारण ही मैं अपनी पहली, गैर-शैक्षिक पुस्तक के लेखन में सफल रही। यहां मैं अपने सह-लेखक डॉ. अशोक कुमार शर्मा का नाम भी विशेष रूप से लेना चाहूंगी जिन्होंने इस परियोजना में मेरी यथासंभव सहायता की और मुझे समझाया कि वास्तव में पुस्तक लेखन किसे कहते हैं।

आज मैं जो भी हूं, जहां भी हूं; उसका श्रेय जाता है मेरे माता-पिता श्री एम. डी. शर्मा तथा श्रीमती राजरानी शर्मा; मेरे ताऊजी श्री रामनिवास शर्मा तथा श्री राजेंद्र शर्मा जी को; इसके अतिरिकत दो लोग सदैव मेरे मित्रों की तरह हर हाल में शक्तिस्तंभ बन कर मुझे समर्थन देते आए हैं, मेरे मामा जी श्री विवेकानंद शर्मा तथा मेरा छोटा भाई भव्य भारद्‌वाज। वे दोनों मेरे लिए मित्रों से भी कहीं अधि क हैं और हमारे बीच एक आत्मीय संबंध है। उनके द्‌वारा मिले सहयोग के कारण ही मैं जीवन के अनेक उतार-चढ़ाव को सफलतापूर्वक पार करने के योग्य बन सकी। मैं अपने परिवार के वरिष्ठ सदस्यों, उनके प्यारे-प्यारे नन्हे-मुन्ने और मित्रों से मिले अविस्मरणीय सहयोग को कभी नहीं भुला सकती।

अंत में, मैं ईश्वर को धन्यवाद देना चाहती हूं कि उन्होंने मुझे अपने सपने को साकार करने का सुनहरा अवसर प्रदान किया और मैं इस विशेष पुस्तक पर लेखिका के रूप में अपना नाम देखने में सफल रही।

वुड्‌स आर लवली डार्क एंड डीप,
एंड माइल्स टू गो, बिफोर आई स्लीप...

कृतिका भारद्वाज

प्रस्तावना

मलाला युसूफ़ज़ई, संसार की सबसे प्रसिद्ध लड़कियों में से एक है। वह अपने उन कार्यों व प्रयासों के लिए जानी जाती है, जिनके कारण उसे 2012 में तालिबानी आतंकियों की गोली का शिकार होना पड़ा। यही वह समय था, जब जिआउद्दीन युसूफ़ज़ई तथा तोर पेकई की बेटी गुल मकई के लिए सारी दुनिया उठ खड़ी हुई। उसने आवाज़ उठाई। उसकी आतंकवादी दल से कोई दुश्मनी नहीं थी, वह तो केवल इतना चाहती थी कि उसे स्कूल जा कर पढ़ाई करने दी जाए। वह यही चाहती थी कि उसके और पढ़ाई के बीच कभी कोई बाधा न आए। वह पढ़ना चाहती थी, एक डॉक्टर बनना चाहती थी और उसने इस तरह प्रसिद्ध होने के बारे में कभी सोचा तक नहीं था। वह तो आम बच्चों की तरह पलना-बढ़ना चाहती थी, जो प्रतिदिन स्कूल जाते हैं और नई व अनूठी बातों की जानकारी के साथ घर लौटते हैं।

....उसका जीवन दूसरों की तरह साधारण बनने के लिए नहीं था। उसे गोली मार दी गई और वह मौत और ज़िंदगी के बीच सांसें गिनने लगी, परंतु नियति ने उसके लिए कुछ और ही रच रखा था।

उसे अपनी वीरता व साहस प्रदर्शन के लिए अनेक पुरस्कार प्रदान किए गए हैं। इस तरह उसे लगा कि उसे दुनिया की उन लड़कियों के लिए भी आवाज़ उठानी चाहिए, जिन्हें शिक्षा पाने का अधिकार नहीं मिलता। हालांकि मलाला बहुत साहसी है और हमें पूरा यकीन है कि वह वही करने में सफल होगी, जो उसने सोच रखा है। हम केवल अपनी ओर से उसके लिए प्रार्थना कर सकते हैं और ईश्वर से उसकी सलामती की दुआ मांग सकते हैं।

कृतिका भारद्वाज
अशोक कुमार शर्मा

विषय सूची

1

बचपन के प्रारंभिक दिन

वह मलाला युसूफ़ज़ई है, दुनिया की सबसे प्रसिद्ध स्कूली लड़की, जिसने अचानक ही अपने प्रसिद्धि से कोसों दूर, पाकिस्तान को आदरणीय देशों की सूची में ला खड़ा किया। उसने संयुक्त राष्ट्र के सेक्रेट्री जनरल से स्काइप पर बात की है, एंजलीना जोली के घर चाय का निमंत्रण स्वीकारा और मैडोना ने उसके नाम एक गीत समर्पित किया है। जुलाई में, मलाला के सोलहवें जन्मदिवस पर उसकी तस्वीर न्यूयॉर्क के ब्रुकलिन पुल पर दिखाई गई, संयुक्त राष्ट्र में सभी ने अपने स्थान से खड़े होकर, उसका अभिनंदन किया और बेयोंस ने उसे एक इंस्टाग्राम भेजा। बोनो ने आईपैड उपहार में दिया, उसके पोट्रेट नेशनल पोट्रेट गैलरी में लगाए गए और वह नोबल पुरस्कार पाने वाली सबसे अल्पायु की सदस्या बन गई है। उसे अब भी सुबह जल्दी उठना पसंद नहीं है, उसे जस्टिन बीबर के गीत भाते हैं, चुटकुले सुनना और मि. बीन की मिक्री करना अच्छा लगता है और वह अपने भाइयों के साथ जमकर लड़ाई करती है। उसे सड़क पर चलते लोगों को अपने पैरों की आहट से चौंकाने में आनंद आता है, वह अपने डैड को चिढ़ाती है कि वे लड़कियों के अधिकारों की

हिमायत करते हुए सारी दुनिया में डोलते फिरते हैं, पर अपने घर में खाने की मेज तक साफ नहीं कर पाते।

जब मलाला के जन्म स्थान, उत्तर पश्चिमी पाकिस्तान के खैबर पख्तूनवाला की स्वात घाटी पर तालिबानों के भयंकर दल का नियंत्रण हुआ और उन्होंने लड़कियों के शिक्षा प्राप्त करने पर रोक लगाई तो मलाला ने अपने दुर्बल स्वर में आवाज़ उठाई कि हर लड़की को शिक्षा का अधिकार मिलना ही चाहिए। स्वात घाटी से उठा वह दुर्बल स्वर आज पूरे संसार में एक ऐसी लड़की का स्वर बनकर गूंज रहा है, जिसने एक बच्ची होते हुए भी, सारी दुनिया के बच्चों के शिक्षा प्राप्त करने के अधिकार के लिए विद्रोह किया और इसके लिए अपने जीवन तक को दांव पर लगाने से नहीं चूकी। वह इस विद्रोह से जुड़े परिणाम जानती थी, परंतु उसका संकल्प तालिबानों के विरोध से भी कहीं तीव्र था और फिर तालिबानों ने उसके उठे हुए स्वर को हमेशा-हमेशा के लिए दबाने का निर्णय ले लिया।

9 अक्टूबर, 2012 को मलाला अपनी स्कूल बस से, सहेलियों के साथ घर लौट रही थी। तालिबानों के दल ने राह में बस रोकी और एक नकाबपोश बंदूकधारी ने बंदूक तानकर लड़कियों से पूछा कि मलाला कौन है? वह उठी और पूरे साहस के साथ कहा, 'मैं मलाला हूं।' और उसी क्षण बस में बैठी लड़कियां जान गई थीं कि आगे क्या होने वाला था। तीन गोलियां दागी गईं। पहली गोली मलाला की बाईं भौंह के पास लगी और उसकी खोपड़ी को भेदने की बजाए, उसकी चमड़ी के नीचे से होते हुए, कंधे में जा घुसी। मलाला के बचने की उम्मीद न के बराबर थी, पर सारी दुनिया की दुआओं व शुभकामनाओं ने उसे बचा लिया। वह मौत के मुंह से लौट आई और यदि मेडिकल भाषा में कहा जाए तो यह एक चमत्कारिक आरोग्य था।

'मुझे संदेह था कि वे मुझे मार देंगे; क्योंकि वे मुझे ही खोज रहे थे; पर भीतर ही भीतर मैं यह भी जानती थी कि अगर मैं मारी गई तो और कई मलाला सामने आ जाएंगीं और न्याय के लिए की जा रही यह जंग जारी रहेगी..।'

जन्म

मलाला युसूफज़ई का जन्म, 12 जुलाई, 1997 को, पाकिस्तान के मिंगोरा प्रांत में हुआ। उसके पिता का नाम जिआद्दीन और मां का नाम तोर पेकई युसूफ़जई है।उसका जन्म जिस गांव में हुआ, वहां लड़की के जन्म को शुभ नहीं माना जाता, परंतु फिर भी वह अपने माता-पिता की आंखों का तारा थी, उनकी लाडली थी। जब भोर होने को थी और आख़िरी सितारा टिमटिमा रहा था; उसी समय बिटिया का जन्म हुआ और वह जिस पश्तून जाति से संबंध रखती थी, वहां इस वेला को बहुत ही शुभ शकुन वाला माना जाता था। उसका जन्म एक ऐसे कबीले में हुआ, जहां लड़के के जन्म पर खुशी जाहिर करने के लिए गोलियां चलाई जाती हैं और लड़कियों को जन्मते ही पर्दों के पीछे छिपा दिया जाता है, ऐसे कबीले में जन्म पाने के बाद भी, आज मलाला कितना आगे निकल आई है। पिता ने ज्यों ही बिटिया को पहली बार देखा, वे उस पर मुग्ध हो उठे। उन्होंने ही उसे 'मलाला' नाम दिया और अपने संबंधियों व मित्रों से कहा कि वे उसके पालने पर सूखे मेवों की वर्षा करें, जबकि यह शगुन केवल पुत्र के जन्म के समय ही मनाया जाता है। बिटिया का नाम मईवाड की मलालई के नाम पर रखा गया, जो अफगानिस्तान की बहुत बड़ी नायिका थी। पश्तून उस जाति से संबंध रखते हैं, जो पाकिस्तान व अफगानिस्तान के बीच फैली है। पश्तून अपनी ज़ुबान के बहुत पक्के होते हैं और उनके बारे में कहा जाता है, 'अगर दुनिया में आपके पास अपना मान नहीं रहा, तो इस दुनिया के कोई मायने नहीं हैं।'

अफगानी लोकगाथा के अनुसार मलालई मईवाड (कंधार के पश्चिम में एक गांव) के एक चरवाहे की बेटी थी। मलालई के पिता व मंगेतर को अंग्रेज़ों से युद्ध के लिए जाना पड़ा, मलालाई उस समय किशोरी ही थी। वह गांव की अन्य स्त्रियों के साथ युद्धक्षेत्र में जा पहुंची ताकि घायलों की मरहमपट्टी हो सके और प्यासों को पानी पिलाया जा सके। वह देख रही थी कि उनके लोग हार रहे थे। ज्यों

ही झंडा उठाने वाला धराशायी लगा, वह झंडा थामकर, सीना ताने खड़ी हो गई और चिल्लाई, 'नौजवानों! अगर आज तुम मईवाड की जंग में लड़ते हुए मैदान में चित नहीं होगे, तो अल्लाह की कसम, किसी के हाथों प्राणों की रक्षा होना, तुम्हारे लिए शर्म से डूब मरने वाली बात होगी।' वह उसी समय गोलियों से भून दी गई, परंतु उसके शब्द लड़ाकुओं के दिमाग में गूंज उठे। वे उस किशोरी की वीरता देख दंग थे कि देखते-ही-देखते बाजी पलट गई। बटालियन ने पूरी ब्रिगेड के छक्के छुड़ा दिए और आज भी ब्रिटिश सेना के इतिहास में इसे उनकी सबसे बुरी पराजय माना जाता है। वह अफगान का गौरव बनी और अंतिम अफगान राजा ने काबुल के बीचोंबीच, उसकी पुण्य स्मृति में 'मईवाड विजय स्मारक' बनवाया। अफगान में लड़कियों के अनेक स्कूलों के नाम, उसके नाम पर रखे गए हैं। मलाला के दादाजी को यह पसंद नहीं था कि उनके पुत्र ने उनकी पोती का नाम मलाला रखा था। उनका कहना था कि इस नाम का मतलब है 'दु:खों से त्रस्त'।

जब वह बच्ची थी तो उसके पिता उसे एक गीत सुनाया करते थे। वह गीत मईवाड की मलालई की प्रशंसा में लिखा गया था और पेशावर के जाने-माने उर्दू शायर रहमत शाह सायल ने उसे तैयार किया था। उसके पिता घर आने वालों को भी मईवाड की मलालई के किस्से सुनाया करते, जिन्हें सुनकर वह प्रेरित हो उठती। इस युवा नायिका ने प्रारंभ से ही मलाला पर गहरा प्रभाव डाला।

उसके शब्द थे:

'मईवाड की मलालई, एक बार फिर से जाग ताकि पश्तूनों को सम्मान का गीत समझ आ सके; तेरी शायरी से सजे शब्दों ने तो आसपास की सारी दुनिया को बदल दिया था, मैं तुझसे विनती करता हूं कि तू एक बार फिर से खड़ी हो जा।'

उसके पिता उसे सबसे अधिक प्यार करते थे, वे उसे प्यार से जानीमून कहते, यानी कोई ऐसा जिसे हम अपनी जान से भी ज्यादा

प्यार करते हैं। वह बहुत प्यारी बच्ची थी और बहुत शरारती नहीं थी। खैर, लड़कियां तो नटखट होती ही हैं, पर मुस्लिम लड़कियों से सदा यही अपेक्षा की जाती है कि वे बहुत ही अनुशासन में रहेंगी, बहुत ही शराफत और शांति से पेश आएंगी। जब मलाला का जन्म हुआ, तो परिवार दरिद्र अवस्था में था, उसके पिता ने कुछ ही समय पूर्व अपने मित्र के साथ मिलकर स्कूल की स्थापना की थी। वे दो कमरों के खस्ताहाल घर में रहते थे, जो कि स्कूल के पास वाली गली में ही था। उनके पास एक कमरा अतिथियों के लिए था और दूसरे कमरे में पूरा परिवार रहा करता। उस घर में शौचालय या रसोईघर की व्यवस्था नहीं थी। फर्श पर ही खाना पकाया जाता और घर के कपड़े व बर्तन, स्कूल के नल पर धोए जाते। उनके घर प्रायः आसपास के गांवों से भी लोग आया करते। पश्तूनी संस्कृति में मेहमाननवाज़ी को बहुत महत्त्व दिया जाता है।

परिवार

फिर करीबन दो साल बाद एक खुशखबरी आई और मलाला के छोटे भाई खुशहाल का जन्म हुआ। मलाला के जन्म के समय उसका परिवार अस्पताल जाने का खर्च नहीं जुटा सका था और इस बार भी वही हुआ। एक स्थानीय दाई की मदद से खुशहाल का जन्म हुआ। पुत्र का नाम महान शायर खुशहाल खान खट्टक के नाम पर रखा गया, जो एक महान योद्धा भी थे। युसूफज़ई परिवार के स्कूल का नाम भी खुशहाल था। मां की खुशी का ठिकाना नहीं रहा। वे एक लंबे अरसे से परिवार में पुत्र संतान की प्रतीक्षा कर रही थीं। ऐसा नहीं था कि उन्हें अपनी पुत्री से प्यार नहीं था, वे उस पर भी जान छिड़कती थीं, पर अपने पुत्र के लिए तो उनकी जान भी हाज़िर थी। खुशहाल को दूध, चीनी व इलायची वाली चाय बेहद पसंद थी और धीरे-धीरे उसका यह शौक पूरे परिवार, खासतौर पर मां के लिए सिरदर्दी बन गया, क्योंकि वह दिन-रात चाय की ही मांग किया करता था। मां को उसके लिए खाना पकाना पसंद था, किंतु चाय की मांग से तंग आकर

वे उसके लिए बहुत कड़वी चाय बनाने लगीं, फलस्वरूप कड़वी चाय से परेशान होकर खुशहाल ने चाय के लिए जिद करना ही छोड़ दिया। मां अपने बेटे के लिए नया पालना लेना चाहती थी, पर पिता इस जिद पर अड़े थे कि खुशहाल को उसी पालने में झूलना होगा, जिसमें कभी मलाला झूला करती थी।

वे प्राय: अपनी पत्नी से पूछते कि खुशहाल उसी पालने में क्यों नहीं झूल सकता, जिसमें मलाला झूला करती थी। उनका कहना था कि अगर मलाला पुराने झूले में झूल सकती है तो खुशहाल भी ऐसा कर सकता है। करीबन पांच साल बाद, परिवार में अटल का जन्म हुआ। वह परिवार का सबसे छोटा बच्चा था। मलाला खुशहाल के ज्यादा क़रीब थी, क्योंकि वह उससे केवल दो साल ही छोटा था, और उनमें लगातार आपस में वैसे झगड़े भी होते रहते थे, जो हर घर में भाई-बहनों के बीच होते हैं। जब भी आपस में लड़ाई होती तो वे अपने-अपने हिमायतियों के पास चले जाते। उसका भाई मां की शरण लेता और वह अपने पिता के पास चली जाती। उसके पिता उतने ही प्यार और लगाव से पूछते, 'क्या हुआ जानी?' युसूफ़ज़ई के घर में यह आम दृश्य था। मलाला के अनुसार, उसकी मां बहुत सुंदर थी और उसके पिता मां से हार्दिक स्नेह रखते थे।

उन्होंने सदा मलाला की मां को इस तरह प्यार से रखा मानो वह कोई चीनी मिट्टी का गुलदान हो, जो हाथ लगाने से भी टूट जाएगा। वे उन पतियों में से नहीं थे, जो अकसर अपनी पत्नियों के साथ बुरा बर्ताव करते। मां का नाम था 'तोर पेकई' जिसका अर्थ था 'स्याह लटें', पर उनके बाल भूरे रंग के थे। जब मलाला की मां का जन्म हुआ तो उसके नाना जश्नेर खान अफगानिस्तान रेडियो सुन रहे थे, उन्हें वहीं वह नाम सुनाई दिया और उन्होंने अपनी बेटी का यह नाम रख दिया। मलाला की मां का रंग गोरा और आंखों का रंग हरा था, पर मलाला के नैन-नक्श अपने पिता पर थे। उसकी रंगत उनकी तरह हल्की दबी हुई, नाक चपटी और आंखें भूरी थीं। पश्तून अकसर अपने बच्चों को प्यार के नामों से भी पुकारते हैं और

मलाला का भी ऐसा ही नाम था। जब वह छोटी थी तो उसकी मां उसे 'पीशो' कहती थीं, पर उसके नाते-रिश्ते के भाई-बहन आज भी उसे 'लाची' के नाम से जानते हैं यानी इलायची। अकसर प्यार से पुकारे जाने वाले ये नाम बहुत ही मज़ाकिया होते हैं, जैसे काली रंगत वाले को गोरा कहा जाता है और ठिगने व छोटे कद वाले को लंबा कहा जाता है। उसे पिता के नैन-नक्श इतने अच्छे नहीं थे, इसलिए उन्हें 'खहिश्ता दादा' कहा जाता था यानी बहुत सुंदर। मलाला को आज भी वह समय याद है, जब वह चार बरस की थी; एक दिन उसने पिता से पूछा, 'अब्बा! आपकी रंगत क्या है?' उसके अब्बा ने कहा कि उनकी रंगत काले व गोरे रंग के मेल से बनी थी। मलाला ने उतनी ही मासूमियत से जवाब दिया कि जब चाय में दूध मिलाया जाता है तो ऐसा ही रंग बन जाता है। अब्बा अपनी बेटी के इस मासूम जवाब पर दिल खोल कर हंसे, पर जब मलाला बड़ी हुई तो धीरे-धीरे समझ गई कि उसके अब्बा अपनी रंगत को लेकर बहुत शर्मिंदा रहते थे। हालांकि मलाला की सुंदर मां से निकाह होने के बाद उनकी यह चिंता जाती रही। अब उन्हें इस बात का गर्व था कि एक सुंदर लड़की उनकी पत्नी के रूप में साथ थी।

हालांकि पश्तून एक पारंपरिक समाज है, जहां रिश्ते अकसर लड़के व लड़की के परिवारों द्वारा तय किए जाते हैं, पर उसके माता-पिता का रिश्ता दिल से जुड़ा था। मलाला ने सुन रखा था कि किस तरह बहुत-सी नाटकीय घटनाओं के बाद उसके माता-पिता एक बंधन में बंध सके। उसके दादा और नाना एक-दूसरे को बहुत पसंद नहीं करते थे तो जब जिआदुद्दीन युसुफ़ज़ई ने तोर पेकई से निकाह करने की इच्छा प्रकट की तो किसी ने इसका स्वागत नहीं किया। मलाला के दादा ने उसके अब्बा से कहा कि वह ऐसा विवाह प्रस्ताव भेजने से पहले विचार कर ले, पर अब्बा ने अपनी सहमति पुनः प्रकट की तो वे नाई के हाथों संदेशा भिजवाने के लिए राजी हो गए। मलाला के नाना ने इंकार कर दिया। उनकी जिद व हठधर्मी देखकर उसके दादा ने नाई को दोबारा विवाह के प्रस्ताव के साथ भेजा। मलाला के

नाना ने जवाब देने में पूरे नौ माह का समय लिया। दरअसल वे देखना चाहते थे कि जियादुद्दीन के प्रस्ताव या इच्छा में कितना दम था या वे कितने गंभीर थे। अंत में वे भी बेमन से मान गए। मलाला की मां बहुत ही प्रभावशाली स्त्री-पुरुषों के खानदान से संबंध रखती थी। मलाला की परनानी बहुत ही छोटी आयु में विधवा हो गई थीं और खानदानी झड़प के चलते, उनके बड़े बेटे को जेल में डाल दिया गया। कहते हैं कि वे अकेली करीब चालीस मील की यात्रा करके, पैदल ही पहाड़ों व वादियों को लांघते हुए, अपने रिश्ते के भाइयों के पास गईं ताकि वे अपने दबदबे और रूतबे के बल पर उनके बेटे को जेल से मुक्त करवा दें।

मलाला को पूरा यकीन है कि यदि उस लड़के के स्थान पर वह मुसीबत में होती तो उसकी मां भी ऐसा ही करती, क्योंकि उनमें भी उतना ही जीवट और साहस भरा है। हालांकि मलाला की मां पढ़ी-लिखी नहीं है, पर वह उसके अब्बा की सबसे पक्की दोस्त है। वे उनके साथ अपना हर सुख-दुःख बांटते हैं। वे उन्हें बताते हैं कि उन्होंने पूरे दिन में क्या किया या जो भी किया, वह अच्छा रहा या बुरा। वे एक दोस्त के रूप में उन्हें खिझातीं, सलाह देतीं और अपनी समझ के हिसाब से उनके संदेह व शंका का निवारण भी करतीं। अधिकतर पश्तून पुरुष ऐसा नहीं करते। माना जाता है कि जो पुरुष किसी मामले में अपनी बीबी की सलाह लेता है, वह मर्द कहलाने लायक नहीं होता। उनके लिए अपनी पत्नी से सलाह लेना या अपने दुःख बांटना, अपमानजनक माना जाता है। आज भी अनेक पश्तून पुरुषों की यही सोच है।

मलाला की मां बहुत ही धार्मिक व सद्गुणी महिला हैं। उनके लिए दिन में पांच बार नमाज़ पढ़ना कुछ इसी तरह जरूरी है, जैसे कोई सांस लेता हो। हालांकि वे मस्जिद नहीं जातीं, क्योंकि महिलाओं को वहां जाने की अनुमति नहीं है, पर वे नियमित रूप से, दिन में पांच बार नमाज़ अवश्य पढ़ती हैं। 'वे मेरी तरह नहीं हैं। उन्हें नाच-गाना पसंद नहीं है। उनके अनुसार अल्लाह कभी इसकी इजाजत नहीं देते। हर महिला की तरह उन्हें भी अपने-आप को सजाने-संवारने, आभूषण

पहनने और कशीदाकारी से सजे वस्त्र धारण करने का शौक है।' मलाला अपनी मां से अलग है। वह अपने पिता की तरह है और उसकी आयु की तकरीबन लड़कियां इसी तरह होती हैं। उसे लगता है कि वह अपनी मां और दूसरी महिलाओं के लिए निराशा का कारण है, क्योंकि वह इन सभी मामलों में उनसे बहुत पीछे है और इन स्त्रियोचित विशेषताओं से बहुत लगाव नहीं रखती। उसे हर रोज बाज़ार जाना पसंद नहीं है और अपनी सहेलियों के साथ अपने घर के बंद कमरे में नाचना बहुत भाता है।

अधिकतर दक्षिण-पूर्वी देशों में तकरीबन बच्चे, बड़े होने के वर्षों के दौरान अपना अधिकतर समय, पिता के स्थान पर माता के साथ व्यतीत करते हैं। मलाला के साथ भी यही हुआ, उसके अब्बा स्कूल के कामों में व्यस्त रहा करते। इसके अतिरिक्त वे साहित्यिक सभाओं में भी सक्रिय रूप से भाग लेते और एक सक्रिय पर्यावरणविद् के रूप में जाने जाते थे, जो स्वात को बचाने के लिए किए गए सभी समारोहों व जुलूसों में बढ़-चढ़ कर हिस्सा लेते। हालांकि श्रीमान युसूफ़ज़ई एक पिछड़े हुए गांव से थे, परंतु शिक्षा ने उनके व्यक्तित्व को निखारने में मदद की और उनकी विचारप्रक्रिया पहले से कहीं परिपक्व और बेहतर हो गई। उन्होंने आजीविका का बेहतर साधन अपनाया और अपने परिवार को एक अच्छा भविष्य देने में सफल रहे। उन्होंने अपने परिवार में बच्चों के लिए एक अच्छा और प्रेरक वातावरण तैयार किया। घाटी के अच्छे वक्ताओं में से थे और स्थानीय जन उनके विचारों को सुनना पसंद करते। उनके घर प्रतिदिन भारी संख्या में मेहमान आया-जाया करते। समाज के जाने-माने व्यक्तियों में से थे। पूरा परिवार एक साथ बैठकर भोजन ग्रहण करता। मलाला की मां मांस व चावल पकातीं, जिसे पूरा परिवार बहुत ही शौक व स्वाद से खाता। गर्मियों में अकसर बिजली कड़कती और तूफान आता, नन्ही मलाला को आज भी याद है कि वह किस तरह एक छोटी गेंद की तरह गोल-मोल होकर अपने पिता की गोद में दुबक जाया करती। वे उसे अपने

कबीले की बहादुरी, महान पश्तून नेताओं और संतों के किस्से सुनाते। वे अकसर पश्तूनों द्वारा रची गई पंक्तियों में सजे किस्से सुनाया करते। युसूफ़ज़ई मूल रूप से कंधार, अफगानिस्तान से हैं, जो कि विशाल पश्तून कबीलों में से एक है।

मलाला के घर के समीप ही सफीना नामक लड़की रहती थी, जिसके दो छोटे भाई थे, बाबर और बसीत। वे सब मिलकर गली में या घर की छत पर क्रिकेट खेला करते, पर अकसर लड़कियां यही सोचा करतीं कि जब वे बड़ी हो जाएंगी तो उन्हें घर के अंदर पर्दे में रहना होगा और उनसे यह खेल छूट जाएगा। लड़कियों के जीवन की यही विसंगति थी, वे जरा-सी बड़ी होतीं और उनसे यह अपेक्षा की जाने लगती कि वे परिपक्व महिलाओं की तरह पेश आएंगी। उन्हें घरों में, पर्दों के पीछे रहते हुए, सदियों पुराने नियमों व रिवाजों का पालन करना होगा। जबकि पुरुष और लड़के खुलेआम घूमते, पर लड़कियों द्वारा किए जाने वाले हर काम पर पाबंदी थी। मलाला, उसकी मां या कोई भी अन्य महिला, पुरुषों के साथ के बिना घर से अकेली नहीं निकल सकती थी। भले ही उनके साथ पांच बरस का लड़का ही क्यों न हो, पर उनके साथ किसी का होना आवश्यक था।

मलाला ने निर्णय ले लिया था कि वह एक आजाद पंछी की तरह जिएगी और अपने-आप को किसी भी तरह की पाबंदियों में बंधने नहीं देगी। उसके पिता उसके प्रेरणास्त्रोत थे और हमेशा उसका सहारा बनकर खड़े रहते थे।

वे सदा यही कहते कि मलाला एक आजाद पंछी की तरह आकाश में उड़ेगी। कोई भी उसकी उड़ान पर रोक नहीं लगा सकेगा। मलाला चाहती थी कि सिंकदर महान की तरह माउंट एलम तक जाए, अपने घर की छत से दिखने वाले ज्यूपीटर तक पहुंचे और अपनी घाटी से बाहर भी जाए। इन सबके बावजूद उसे केवल यही दिखाई देता कि उसके भाई पतंगें उड़ाते हुए, यहां-वहां घूमते-फिरते और इन खेलों के कारण उनके हाथों पर लगी खरोंचें मलाला के लिए ईर्ष्या का विषय होती।

वह प्राय: यही सोचा करती कि एक बेटी को ऐसी आज़ादी कब मिलेगी? लड़कियों को यह मौका कब दिया जाएगा? यह दुनिया कब समझेगी कि वे साज-श्रृंगार और ब्यूटी पार्लरों से कहीं अधिक मायने रखती हैं। वे स्वात की गलियों में नाचते-गाते और दिल खोलकर हंसते हुए, कब निकल सकेंगी? उन्हें मुस्कुराने की इजाजत नहीं थी, पर उनसे यह उम्मीद की जाती थी कि जब भी कुछ बुरा घटे तो वे चीख-चीख कर, गला फाड़ कर रोएं। वे चाहते थे कि लड़कियां परिपक्व औरतों की तरह विलाप करें। उनका महिलाओं व लड़कियों की इच्छाओं से कोई लेन-देन न था।

मलाला सदा यही चाहती आई है कि महिलाओं को भी पुरुषों की तरह समान अधिकार मिलें और वे बिना किसी पाबंदी के बुलंदियों के आसमान में उड़ान भर सकें।

जब वह एक छोटी बच्ची थी तो अकसर देखती कि उसके अब्बा 'प,क और म' शब्द बोलने में हकला जाया करते थे। उनके मुख से वे शब्द इस तरह निकलते मानो कोई टेप-रिकॉर्डर उन्हें दोहरा रहा हो। श्रोता बड़े आराम से यह सुनने का इंतजार करते कि वे अपने मुख से अगला शब्द कौन-सा निकालेंगे, पर ऐसा हो नहीं पाता था। जब वह छोटी थी तो अपने पिता को अकसर यह कहकर चिढ़ाती थी कि वे उसे जानी इसलिए कहते हैं, क्योंकि वे मलाला शब्द नहीं बोल पाते थे। जब भी उसके अब्बा हकलाते तो उसके दादा जोर से चिल्लाते। मलाला के दादा का नाम था 'रोहुल अमीन' जिसका अर्थ था- ईमानदार आत्मा। यही पवित्र फरिश्ते गबरियाल का भी नाम था। उन्हें अपने नाम पर इतना गर्व था कि वे अकसर उस पद का उल्लेख करते, जिसमें उनका नाम और उसका अर्थ दिया गया था। वे एक अधीर व्यक्ति थे और मलाला के अनुसार उन्हें बहुत जल्दी गुस्सा आ जाया करता था। चूंकि वे गोरी रंगत वाले थे, गुस्सा होने पर उनके चेहरे का रंग लाल हो जाता। हालांकि मलाला को अपनी दादी के बारे में इतना कुछ देखने का अवसर नहीं मिला, पर उसके अब्बा अवसर बताया करते

कि वे उसके दादा के साथ कैसे दिल्लगी किया करती थीं। मलाला के दादा अवसर त्यौरी चढ़ाकर रखते। दादी हंसते हुए कहती कि जब वे नहीं रहेंगी और जब वे दूसरी शादी करेंगे तो दूसरी बीबी उन्हें कभी मुस्कुरा कर नहीं दिखाएगी।

मलाला की दादी उसके अब्बा के हकलेपन को लेकर बहुत चिंतित थीं। जब वे बहुत छोटे थे तो वे उन्हें अपने साथ एक संत का आशीर्वाद दिलवाने ले गई ताकि समस्या का समाधान हो सके। वे लोग वहां बस से गए, वह जगह उनके गांव से एक घंटे की दूरी पर थी।

उस संत का नाम लिवन्नो पीर था यानी पागलों का संत। उनका दावा था कि वे पागलों का इलाज कर सकते थे। पर जब मलाला के अब्बा को उनके पास ले जाया गया तो उनकी परेशानी और भी बढ़ गई। एक दिन वे अपने पिता के पास गए और कहा कि उन्हें एक भाषण लिख दिया जाए ताकि वे उसे सार्वजनिक रूप से लोगों के बीच दे सकें। मलाला के पिता अपने हकलेपन के बावजूद प्रतियोगिता में हिस्सा लेना चाहते थे। उनके पिता ने पूछा कि वे ऐसा कैसे कर सकेंगे, जबकि उन्हें तो एक पंक्ति बोलने में भी इतना समय लगता है। मलाला के दादा आसपास के गांवों में भी अपनी वक्तृता कला के लिए जाने जाते थे। वे शाहपुर गांव के स्थानीय हाई स्कूल में धार्मिक विषयों के प्रोफेसर थे। वे एक धार्मिक व्यक्ति थे और एक स्थानीय मस्जिद के इमाम भी थे। मलाला के अब्बा ने उन्हें यकीन दिलाया कि बस भाषण तैयार कर दिया जाए, वे उसे याद कर लेंगे और प्रतियोगिता जीत कर दिखाएंगे। युसुफ़ज़ई परिवार बहुत बड़ा था, उसमें मलाला की पांच बुआ और बड़े चाचा खान दादा भी शामिल थे। अधिकतर पश्तून परिवारों की तरह उसकी बुआएं घर में रहतीं और लड़के स्कूल जाया करते। लड़कियां केवल इसी बात का इंतजार करती दिखाई देतीं कि उनका ब्याह कब होगा। सारी बुआएं कभी स्कूल नहीं गई, पर इसके अलावा भी घर में भाइयों के साथ उनके प्रति भेदभाव रखा जाता। लड़कों को दूध-मलाई मिलती तो लड़कियों

को सूखी रोटियां दी जातीं। लड़के और लड़कियों के बीच और भी कई बातों में भेदभाव रखा जाता, हालांकि हम यहां उस विषय में विस्तार से बात नहीं करना चाहते। उके अब्बा भी उसे बताया करते थे कि जब वे छोटे थे तो अकसर वे भी अपने भाइयों व बहनों के बीच होने वाले भेदभाव को महसूस किया करते थे।

भारतीय जड़ें

मलाला के दादा भारत में पढ़ाई कर चुके थे, जहां वे मुहम्मद अली जिन्ना, जवाहर लाल नेहरू, महात्मा गांधी तथा खान अब्दुल गफ्फार खान आदि महान वक्ताओं व नेताओं के साथ कुद समय रहे थे। खान साहब एक महान पश्तून नेता थे, जिन्होंने उस समय संयुक्त भारत के लिए अभियान चलाया था। मलाला अपने दादा को प्यार से 'बाबा' कहकर बुलाती थी। वे भारत विभाजन के भी साक्षी रहे थे और उस दु:ख व पीड़ा को अनुभव किया था। वे राजनीति में भी सक्रिय रूप से भाग लेते रहे थे। वे अकसर कहा करते कि हालांकि उनका देश बहुत पुराना नहीं था, पर उनके पास भी एक सैन्य इतिहास था और जब उनका पुत्र आठ साल का हुआ तो मिलिट्री जनरल जिया-उल-हक ने कमान संभाली थी। उन्होंने जुल्फिकार अली भुट्टो को बंदी बनाया, जो एक कश्मिाई व्यक्तित्व के स्वामी थे। उन्हें फांसी की सजा सुनाई गई। जुल्फिकार अली भुट्टो, बेनजीर अली भुट्टो (1953-2007) के पिता थे। बेनजीर एक पाकिस्तानी राजनेत्री थीं, जिन्होंने दो सत्रों, 1988-90 तथा 1993-1996 में पाकिस्तान के ग्यारहवें प्रधानमंत्री का पद संभाला। वे जुल्फिकार अली भुट्टो की बड़ी बेटी थीं, जो स्वयं भूतपूर्व प्रधानमंत्री थे और उन्होंने सेंटर-लेफ्ट, सामाजिक प्रजातंत्र पाकिस्तान पीपल्स पार्टी (पीपीपी) की स्थापना की थी। बेनजीर एक मुस्लिम देश की पहली मुस्लिम महिला नेता कहलाईं।

हालांकि पश्तून बहुत ही मिताहारी माने जाते हैं, पर उनके बाबा रुपए के मामले में बहुत अधिक सावधानी बरतते थे। अगर उनका कोई भी बच्चा अपनी थाली में जूठन बचाता तो वे उससे नाराज़ हो जाते।

मलाला के अब्बा को लगता था कि वे अपने अब्बा को प्रसन्न करने की हरसंभव कोशिश के बाद भी प्रसन्न नहीं कर पाते थे। मलाला के अब्बा और दादा पूरी तरह से दो अलग व्यक्तित्व थे। उसके दादा की लिखाई बहुत अच्छी थी, जबकि उसके अब्बा कभी अच्छी लिखाई नहीं लिख सके। मलाला की दादी ने उसके अब्बा को अपनी पहचान खोजने में मदद की। वे इतनी जीवट वाली महिला थीं कि एक पत्थर के कुएं से भी पानी निकाल सकती थीं।

एक महिला अपने प्यार और सहृदयता के बल पर ही सबके दिल जीत लेती है, जबकि पुरुष अपने हठ के कारण ऐसा नहीं कर पाते। मलाला जब बच्ची थी, वह तभी यह बात समझ गई थी कि पश्तो महिलाओं को अपने परिवारों को सही प्रकार रखने के लिए मजबूत बनना होगा। केवल एक महिला ही जान सकती है कि उसके परिवार के लिए क्या सही या गलत है। वही अपने परिवार व बच्चों को खुश रख सकती है। हालांकि पूरा घर एक महिला के प्यार की डोर से बंधा होता है, परंतु पश्तून महिलाएं हमेशा इस तथ्य को जानती-समझती आई हैं और अपने बच्चों को भी यह सिखाया है कि उनके जीवन में, घर के पुरुष सदस्यों द्वारा ही बाहरी दुनिया के मामलों में कहीं बेहतर मार्गदर्शन दिया जा सकता है, क्योंकि वही इन मामलों की बेहतर समझ रखते हैं।

भले ही महिलाओं के लिए रोजगार के अवसर उपलब्ध हो गए हों पर फिर भी वे परिवारों में पुरुषों से महत्त्वपूर्ण भूमिका नहीं रखतीं। पहले और दूसरे विश्व युद्ध के दौरान जब पुरुष जंग के लिए गए तो औरतों के लिए रोजगार के अनेक अवसर सामने आए। इस तरह समाज में औरतों का स्तर हमेशा के लिए बदल गया। अचानक ही हर उद्योग में महिलाओं को एक महत्त्वपूर्ण कारक के रूप में देखा जाने लगा। जल्द ही विकसित देशों में वे समान स्तर पर आ गईं। वर्तमान में वे अब न केवल परिवार को संभालती हैं, बल्कि पुरुष सदस्यों के साथ कंधे-से-कंधा मिलाकर हर जिम्मेवारी निभाती हैं। आजकल कई स्थानों पर स्त्रियों को रोजगार के बेहतर अवसर मिलने के कारण ऐसे प्रसंग भी सुनाई देने लगे हैं, जहां उनके पति घर में बच्चों को संभालते

हैं और वे बाहर काम करने जाती हैं। अधिक-से-अधिक महिलाएं इसी तरह अपने पति के साथ मिलकर पारिवारिक आय को बढ़ाने में अपना योगदान दे रही हैं।

हालांकि इन नए कर्त्तव्यों के साथ महिलाओं ने अपने उन सभी कर्त्तव्यों व दायित्वों को भी भली-भांति निभाया है, जिन्हें वे सदियों से, पारंपरिक रूप से संभालती आ रही हैं। केवल उन्हें अपने सभी दायित्वों की पूर्ति के लिए थोड़ी मदद की आवश्यकता होती है, जिसे वे अपने पति के साथ मिलकर या घरेलू सहायक नियुक्त कर, पूरा कर लेती हैं। हालांकि ऐसा दिखता है कि महिलाएं आधुनिक युग में पुरुषों के साथ मिलकर आर्थिक योगदान दे रही हैं, परंतु यह कहना कठिन है कि घर और बाहर, दोनों ही मोर्चे संभालते-संभालते, उनके महत्त्व में कोई वृद्धि हुई है अथवा नहीं?

इसके अतिरिक्त, एक परिवार के पोषक के रूप में महिला की भूमिका को भी निरंतर चुनौती मिल रही है। रहन-सहन के बढ़ते स्तर और महंगाई के कारण अधिकतर महिलाएं कैरियर की तरफ अधिक ध्यान देने लगी हैं। इस तरह वे अब अपने पारंपरिक व घरेलू दायित्वों की ओर अधिक केंद्रित नहीं रह पातीं। वे परिवार में आर्थिक सहयोग तो दे रही है, परंतु परिवार में पोषक की सामाजिक भूमिका निभाने में असफल हो रही हैं। हम देख सकते हैं कि बदलते समय के साथ महिलाओं व पुरुषों की भूमिकाओं में अंतर आया है, वे आपस में बदल रही हैं और वर्तमान में वे पुरुषों से अधिक महत्त्वपूर्ण भूमिका नहीं निभातीं।

सुविधाओं के चलते, परिवार में स्त्री की भूमिका को बहुत सहायता मिली है। परिवार की देखरेख के लिए नौकरानी या घरेलू सहायिका नियुक्त की जा सकती है; जो घर का सारा काम करने के साथ-साथ बच्चों की देखरेख भी कर लेती है। इंडोनेशिया और फिलीपींस जैसे देशों से प्रतिवर्ष बहुत-सी महिलाओं को घरेलू सहायिकाओं के रूप में, दूसरे देशों में भेजा जाता है। इस प्रकार घरों में महिलाओं की पारंपरिक भूमिका अब उतनी महत्त्वपूर्ण नहीं रही, क्योंकि अब उसके विकल्प उपलब्ध हैं।

2

स्वात-दुःखों की घाटी

मलाला ने अपने अनेक साक्षात्कारों में कहा है कि वह धरती के सबसे सुंदर स्थान पर रहती आई है। उसने एक किशोरी के रूप में अपने जीवन का अधिकतर भाग हरी-भरी घाटी और आसपास खड़े पहाड़ों के बीच बिताया है। उसके लिए स्वात पहाड़ों की जन्नत है। सुंदर झरने और साफ चमचमाते पानी से भरी झीलें, उसे आज भी याद आते हैं। जब भी कोई घाटी में प्रवेश करता है तो उसे एक साइन बोर्ड दिखाई देता है, जिस पर लिखा है, 'जन्नत में आपका स्वागत है।' उनके खेत हमेशा अनाम जंगली फूलों की महक से महकते हैं। वहां स्वादिष्ट फलों के बाग हैं, पन्ने की खदाने हैं, झीलें हमेशा ताजे पानी में रहने वाली मछलियों से लबालब भरी रहती हैं, यहां ट्राउट नामक मछली भी पाई जाती है जिसे विशेष रूप से पसंद किया जाता है।

मिंगोरा हिंदुकुश पर्वतों से घिरा है, जहां स्थानीय लोग जंगली बकरियों और सुनहरे मुर्गों के शिकार के लिए जाते हैं। मलाला एक तल वाले पक्के घर में रहती थी। वहां सीढ़ियां चढ़कर बड़ी-सी छत पर थी, जहां बच्चे अकसर खेल खेलते या शाम के समय उसके अब्बा अपने दोस्तों के साथ चाय की दावत करते। सारे दिन के बाद,

शाम को बुजुर्ग लोग एक साथ बैठकर आपस में दु:ख-सुख बांटते। मलाला को वहां बैठना और आसपास के घरों से उठते धुएं को देखना बहुत पसंद था। जब उसे पृष्ठभूमि से झींगुरों का स्वर सुनाई देता, तो वह दृश्य और भी मनोहारी जान पड़ता। उसके घर का यह शांत व सहज कोना, उसे सबसे अधिक प्रिय था।

वह अपने घर के आंगन में लगे आलुबुखारे के पेड़ को याद करती है, जिस पर सबसे स्वादिष्ट आलूबुखारे लगते थे। उनके बाग में अंगूर, तेंदू फल और अमरूद भी उगते थे और उसे अपने बाग के फल बेहद पसंद थे। उसका कहना है कि अकसर उसके घर के सदस्यों व पक्षियों के बीच होड़ लगी रहती कि पके हुए फल को पहले कौन खाएगा? कई बार उन पक्षियों की जमात में कठफोड़वे भी शामिल होते।

स्वात और मिंगोरा मलाला के अपने घर थे, जिन्हें वह आज भी बहुत याद करती है। बेशक जहां आप जन्मे व पले-बढ़े हों, उसकी याद आना स्वाभाविक ही होता है। मलाला एक किशोरी थी, जिसके लिए यह जानना-समझना कठिन था कि उसे उसके अपने ही घर में रहने की अनुमति क्यों नहीं दी जा रही थी। उनके अपने ही लोग उनके दुश्मन क्यों बन गए थे? केवल पंद्रह साल की लड़की को देशद्रोही करार क्यों दे दिया गया था? वह अब स्वात की हरी-भरी घाटी में रहने योग्य क्यों नहीं थी? वह अब पहले की तरह गर्मियों के मौसम का आनंद क्यों नहीं ले सकती थी? घाटी की ही बेटी को पहले की तरह उसकी गोद में खेलने व रहने क्यों नहीं दिया जा रहा था? क्या केवल इसलिए कि वह समाज के पुराने कायदे-कानूनों को बदलना चाहती थी? या केवल इसलिए कि उस घाटी के द्रोहियों ने उसे भी देशद्रोही करार दे दिया था?

मलाला को आज भी याद है कि अकसर उसकी अम्मी पक्षियों के साथ अपना दु:ख बांटा करती। उनकी कुछ सहेलियां भी अक्सर पिछले आंगन में आ जातीं। उस परिवार ने कठिन संघर्ष झेला था, इसलिए वे लोग निर्धन परिवारों को भोजन बांटा करते। उसकी अम्मी अपनी सहेलियों को भी भोजन कराए बिना जाने नहीं देती थी। वे अकसर

पश्तो में गीतों की पंक्तियां दोहरातीं। उनमें से एक के अनुसार हमें कभी अपने बाग के फाख्तों को नहीं मारना चाहिए। अगर कोई एक भी मारी गई तो बाक़ी भी कभी बाग में नहीं आएगीं। वे अकसर यही कहतीं कि हमें पशु और पक्षियों से एकता, प्रेम व करुणा का संदेश सीखना चाहिए। मलाला के घर की छत से रंग बदलते पर्वतों का बहुत सुंदर नज़ारा दिखाई देता। बच्चे बर्फ पड़ने पर यहां-वहां भागते, एक दूसरे को बर्फ के गोले मारने का खेल खेलते और बर्फ के उड़ते फाहों को पकड़ने की चेष्टा करते। गर्मियों में स्वात की हरियाली देखते ही बनती थी।

पंद्रह साल की मलाला के लिए उसका पूरा गांव ही उसका घर था। उसे अपना घर, बेमन से ऐसे हालात में छोड़ना पड़ा कि वह यह भी नहीं जानती कि वह अपने जन्मस्थान पर कभी वापिस भी जा सकेगी या नहीं? जहां उसने अपने जीवन का सबसे सुंदर भाग बिताया, जहां उसने तुतला-तुतला कर बोलना सीखा और बार-बार वही गलतियां दोहराई, जिसके लिए उसे कभी किसी ने नहीं फटकारा। हालांकि वह अपनी घाटी में लौटना चाहती है, उसे तहेदिल से याद करती है, पर अभी इस विषय में कहा नहीं जा सकता कि वह पहले की तरह वहां रह पाएगी या नहीं। कोई नहीं जानता था कि मलाला एक दिन जब स्कूल के लिए निकलेगी तो उसके बाद वह अपने घर वापिस ही नहीं आ सकेगी।

मलाला याद करती है कि उसके परिचितों में से कोई भी पाकिस्तान की राजधानी इस्लामाबाद तक नहीं गया था। तालिबानों के रोष से पूर्व तो युसूफ़ज़ई परिवार भी स्वात के बाहर नहीं गया था, खासतौर पर परिवार की महिला सदस्या तो कहीं नहीं गई थीं। मलाला का घर 'गुलकदा' में था, पश्तो भाषा में उसका अर्थ होता है- ऐसा स्थान जो फूलों से भरपूर हो, पर लोकप्रिय नाम था 'बुतकरा' यानी बौद्ध मूर्तियों का स्थान। मलाला के पिता ने बुतकरा के खंडहरों पर एक कविता लिखी थी, जिसे कुछ अंतर्राष्ट्रीय पुरातत्वविदों ने तीर्थस्थल का नाम दिया था, जो एक बार उनकी घाटी में आए थे। कविता का नाम था 'बुतकरा के अवशेष। जिसमें यह लिखा था

कि किस तरह मंदिर और मस्जिद दोनों का ही अस्तित्व एक स्थान पर हो सकता है। किसी तरह विभिन्न धर्मों के लोग एक ही स्थान पर प्रार्थना कर सकते हैं और यह ध्यान रख सकते हैं कि उस स्थान की पवित्रता और सामंजस्य बना रहे।

'जब मीनारों से अजानों के स्वर उठते हैं और मीनारों की ऊंचाई से संसार का सत्य उभरता है तो भगवान बुद्ध की मुस्कान खिल उठती है। इसे हम इतिहास का पुन:संपर्क भी कह सकते हैं, जो कहता है कि इस संसार में जो एकमात्र सत्य, सदैव जीवित रहेगा, वह प्रेम है, प्रेम की भाषा ही एकमात्र ऐसी भाषा है, जिसे पूरी दुनिया समझती है और सुदंरता वही है, जो देखने वाले की आंखों में होती है....।'

मलाला के गांव के आसपास के स्थान

मिंगोरा को मिंगवारा या मिंगाओरा के नाम से जाना जाता है, जो कि पाकिस्तान के खैबर-पख्तूनवाला प्रांत के स्वात जिले का सबसे बड़ा शहर है। यह समुद्रतल से 984 मीटर की ऊंचाई पर स्थित है और स्वात नदी के किनारे पर पड़ता है, जो कि स्वात की वर्तमान राजधानी सैदू शरीफ से दो किलोमीटर की दूरी पर है। 1998 में, मिंगोरा की जनसंख्या 175,000 के करीब थी। वह शहर कभी प्रमुख पर्यटन स्थलों में से था और रानी एलिजाबेथ ने इसे भूतपूर्व साम्राज्य का स्विटजरलैंड कहा था। हालांकि पाकिस्तान में तालिबान के आने के बाद तालिबान और सरकार की आपसी जंग के कारण पर्यटन को भारी धक्का लगा। मार्च 2009 में, सरकार के साथ एक शांति समझौते के तहत स्वात, तालिबानों के अधीन आ गया। हालांकि मई 2009 तक आते-आते यह समझौता रद्द हो गया और सरकारी बलों व तालिबानों के बीच भयंकर जंग छिड़ी ताकि स्वात को तालिबानों के कब्जे से छुड़ाया जा सके। इस समय शहर सेना के अधीन है।

मिंगोरा स्वात घाटी के महत्त्वपूर्ण शहरों में से है। स्वात नदी के

दूसरी ओर मिंगोरा एयरपोर्ट के पास ही बुतकरा प्रथम और द्वितीय नाम से दो पुरातात्विक महत्त्व के स्थल हैं। इनमें से एक स्थान पर तो नाममात्र की टिकट लेकर जाया जा सकता है, परंतु दूसरा स्थल पहाड़ों के बीच कहीं खो गया है, जिसे खोज पाना कठिन है।

मिंगोरा के पास जांबीली नदी घाटी में अनेक बौद्ध अवशेष तथा संगतराशी पाई गई है। पानर के समीप पहली सदी के स्तूप व बौद्ध मठ की खुदाई की गई है। लोबानर व मातालई में इतालवी पुरातत्वविद्‌ों ने 475 आर्य कब्रें खोद निकाली हैं, जो 1700 ई.पू. की हैं।

मलाला का 'स्वात'

मलाला धरती के सबसे सुंदर स्थानों में से एक में रहती थी। यह घाटी सामरिक दृष्टि से बहुत महत्त्व रखती है और बहुत ही महत्त्वपूर्ण है, क्योंकि यहां एशियाई महाद्वीप के तीन भाग - दक्षिण एशिया, मध्य एशिया तथा चीन आपस में मिलते हैं।

स्वात एक घाटी है तथा पाकिस्तान के खैबर पख्तूनवाला प्रांत का प्रशासनिक जिला है। स्वात नदी की ऊपरी घाटी, हिंदुकुश पर्वतों के बीच स्थित है। स्वात की राजधानी सैदू शरीफ है, पर इसका प्रमुख शहर मिंगोरा ही है। यह 1969 के विलयन से पूर्व एक शाही रियासत था। घाटी में गुज्जर, कोहिस्तानी और पश्तून रहते आए हैं और यहां गुज्जरी, कोहिस्तानी और पश्तो भाषा बोली जाती है।

ऊंचे पहाड़, हरे-भरे मैदान और साफ पानी की झीलें; कुल मिलाकर यह स्थान प्राकृतिक संपदा से भरपूर है और पर्यटकों के बीच खासा लोकप्रिय भी रहा है। जब रानी एलिजाबेथ द्वितीय ने मलाला से भेंट की तो उन्होंने इस स्थान को 'पूर्व का स्विटजरलैंड' कहा।

श्रीवास्तवों (इंडो-आर्यन कायस्थ वंश का उपवंश) की पारंपरिक गाथा के अनुसार यह माना जाता है कि उनका मूल उद्‌भव इसी स्वात नदी की घाटी से हुआ, जिसे प्राचीन काल में श्रीवास्तु या सुवास्तु के नाम से जाना जाता था।

इतिहास

स्वात प्रांत में पिछले दो हजार साल से बसावट रही है और यह स्थान प्राचीन काल में उदयन नाम से जाना जाता था। स्वात ऐसे स्थान पर बसा है कि अनेक आक्रमणकारियों को यहां रुकना ही पड़ता था, जिनमें सिकंदर तथा गजनी का सुलतान महमूद उल्लेखनीय हैं। दूसरी सदी में स्वात गांधार की बौद्ध सभ्यता का अंश बन गया।

स्वात बौद्ध धर्म के महायान व हीनयान संप्रदाय का केंद्र था। चीनी यात्री फाहियान ने इस प्रांत के 500 बौद्ध मठों का उल्लेख किया है। उसके बाद सुन युन, ह्वेनसांग और वुकुंग भी स्वात आए और इस प्रांत की समृद्धि व संपन्नता का उल्लेख किया। उन्होंने इसकी अनुकूल जलवायु, वनों की अधिकता, फूलों व फलों से लदे वृक्षों तथा बौद्ध धर्म की भी सराहना की।

करीबन चार सदियों तक कुषाण वंश का शासन रहा और फिर यहां पांचवीं सदी में गोरे हूणों का राज होने पर, गांधार की कीर्ति धूमिल होती चली गई। ह्यूनसांग ने बौद्ध धर्म के पतन का भी उल्लेख किया है। उसके अनुसार, वहां उपस्थित करीब 1400 मठ या तो खंडहरों में बदल गए थे या उन्हें त्याग दिया गया था। बौद्ध भिक्षु अब भी ग्रंथों से पाठ करते हैं, पर वे उनके अर्थ नहीं जानते। वहां अंगूरों की खेती तो बहुतायत में थी, पर खेत बहुत ही कम रह गए थे।

आठवीं सदी के बाद से, पश्चिम से मुस्लिम अरबों का अधिकतर पूर्वी ईरानी भागों पर दबाव बढ़ने लगा, जहां हिंदूशाही वंश का शासन था। आठवीं सदी के आरंभ में, विभिन्न पश्तून और तुर्की कबीले लाघमन्नत, निंगरहार तथा डीर पार करते हुए आए, उन्होंने बौद्धों और हिंदुओं को हरा कर स्वात के अनेक हिस्सों को अपने अधीन कर लिया। इसके बाद युसूफ़ज़ई और मुगल बादशाह जहीरूद्दीन मुहम्मद बाबर वहां आए।

वर्तमान में, स्वात पर धार्मिक नेताओं का शासन रहा, जिन्हें अखूंद, अखुंद या अकोंद के नाम से जाना जाता है। 1878 में स्वात पर राज

करने वाले अखुंद की मृत्यु हुई, जो कि एडवर्ड लीयर की एक हास्य कविता के कारण लोकप्रिय था। एक विक्टोरियन कवि और पेंटर ने अपनी कविता में उस सुदूर स्थान और एक रहस्यमयी व्यक्ति की ऐसी ही कल्पना की है।

सैयद अकबर शाह और शरीआ कानून के साथ 1849 में स्वात के इस्लामिक राज्य की स्थापना हुई, परंतु यह स्थान 1878 से 1915 तक सुप्तावस्था में रहा। इसके बाद स्थानीय जिरगा द्वारा सैयद अकबर के भतीजे अब्दुल जब्बार खान और फिर स्वात के वली शासन के संस्थापक मियां गुल शाजादा अब्दुल वदूद नाम गुज्जर को शासन सौंपा गया। अंग्रेजों ने इस शासक को मान्यता प्रदान की और इसे 1926 में एक शाही रियासत का दर्जा दिया गया। 1947 में पाकिस्तान की स्वतंत्रता के बाद, शासक ने अपने राज्य का पाकिस्तान में विलयन कर दिया, जबकि उसने अपनी स्वायत्ता बनाए रखी। स्वात के शासक को 1966 तक पूरा राजकीय सम्मान मिलता था, परंतु पाकिस्तानी सरकार के साथ विलयन के बाद यह सब समाप्त हो गया।

स्वात के प्राचीन बाशिंदे सुनियोजित नगरों में रहते थे। 327 ई. पू. में सिकंदर महान लड़ते-लड़ते ओडीग्राम तथा बारकोट तक आ गया था। ग्रीक दस्तावेजों में इन नगरों का उल्लेख ओरा और बाजायरा नाम से मिलता है। दूसरी सदी ई.पू. में, यहां बौद्धों का शासन रहा, जिन्हें इस स्थान की शांति व प्रशांति ने आकर्षित किया।

उनके धर्मग्रंथों व वास्तुकला के अनेक साक्ष्य अब भी देखे जा सकते हैं। आठवीं सदी के प्रारंभ में, गबरी ताजिक कबीले ने स्वात पर हमला करते हुए हिंदुओं व बौद्धों को पराजित कर दिया। इस युद्ध का नेतृत्व सुलतान पाखर गबरी और फिर बाद में सुलतान बहरम गबरी ने किया, जो पंज के शासक और बल्ख व कश्मीर के शासक के भाई थे। फिर कुछ दिलाज़ाक भी आकर बरियों के बीच आ बसे। उन्हें युसूफ़ज़ईयों ने हटा दिया, जिन्हें 1519 तथा 1520 के बीच पूरी सत्ता प्राप्त थी। ऐतिहासिक विसंगति यह रही कि गबरियों ने ही युसूफ़ज़ई शरणार्थियों का स्वागत किया और उन्हें बाजोर, डीर व स्वात प्रांतों में

आश्रय दिया। वे उनकी उदारता को भूल गए और गबरियों के राज्य पर ही कब्जा कर लिया। उन्होंने 1519 में गबर-कोट को तहस-नहस कर दिया और स्वात को अपने बस में करते हुए, गबरी सुलतान को राज्य खाली करने पर विवश कर दिया। स्वात के वर्तमान परिवार का मूल मुस्लिम संत अब्दुल गफूर से है, जो स्वात के अखुंद थे। वे बहुत ही धार्मिक व पवित्र व्यक्ति थे और लोग उन्हें श्रद्धावश अखुंद साहिब कहकर बुलाते थे।

उन्नीसवीं सदी के मध्य तक मुस्लिम कबीले स्वात घाटी को अपने अधीन करने के लिए आपस में लड़ रहे थे। आदरणीय अखुंद साहिब के हस्तक्षेप से आपस में मार-काट बंद हो गई और उनका प्रभाव ही ऐसा था कि सभी कबीलों के सरदारों ने सर्वसहमति से उन्हें ही घाटी का शासक बना दिया। अखुंद साहिब ने मुस्लिम कानूनों के अनुसार घाटी का प्रशासन चलाया। चारों ओर शांति छा गई, कृषि तथा व्यापार में प्रगति हुई। अखुंद साहिब के दो पुत्र थे और उनकी पत्नी की पत्नी (नैकपी खेल से थी)।

उनकी मौत के बाद कबीले फिर से आपस में लड़ने लगे और ऐसा कई सालों तक जारी रहा। धीरे-धीरे वे आपस में मान गए कि स्वात का शासन आदरणीय गुल शाजादा अब्दुल वदूद के हाथों में दे देंगे, जो कि मियां गुल अब्दुल खालिक के बेटे थे। मियां गुल की पत्नी, चितरल के शासक अफजल-उल-मुल्क की बेटी थी। अंग्रेजों ने चाल से चितरल को कश्मीर के अधीन कर लिया। चितरल शासक हर साल कश्मीर के राजा को दो घोड़े देता था और राजा चितरल को अनाज व चीनी आदि देता। इस तरह स्वात अंग्रेजों के संरक्षण में चला गया।

इसी तरह स्वात के शासन में बदलाव आते गए, वह एक शाही रियासत बना और अंततः 1947 में पाकिस्तान बनने पर, उसे पाकिस्तान में ही विलय कर दिया गया। वर्तमान राजकुमार मुहम्मद औरंगजेब खान (जहांजेब के पुत्र) ने 1955 में फील्ड मार्शल अयूब खान की बेटी से विवाह किया और इस तरह दूसरी जातियों में विवाह करने से, परिवार बादशाही संबंधी शाखा से जुड़ गया; स्वात घाटी का शाही परिवार,

जिसने स्वात राज्य की नींव रखी। जहांजेब ने सैदू शरीफ में एक डिग्री कॉलेज तथा मिंगोरा, चाकेसर, मट्टा और डागर में चार हाई स्कूल खुलवाए। चौदह मिडिल स्कूल, अठ्ठाईस लोअर मिडिल स्कूल तथा छप्पन प्राइमरी स्कूल स्थापित किए गए। सैदू शरीफ में लड़कियों का स्कूल तथा उच्च धार्मिक शिक्षा पाने के लिए भी एक स्कूल खोला गया। सभी स्कूलों के गरीबों को छात्रवृत्तियां दी जाती हैं। अंग्रेजों के शासनकाल में यह राज्य उल्लेखनीय था। पाकिस्तान की राजनीति में भी उनकी गहरी पैठ थी। वर्तमान राजकुमार औरंगजेब खान बलूचिस्तान के गवर्नर भी थे।

तालिबान

तालिबान शब्द पश्तो भाषा से लिया गया है, जिसका अर्थ है अनेक छात्र। यदि एक छात्र कहें तो उसके लिए तालिब शब्द का प्रयोग होगा। वैसे तो तालिबान शब्द पुल्लिग में प्रयुक्त होता है, परंतु कालांतर में एक व्यक्ति के लिए भी तालिबान ही कहा जाने लगा है। जैसे जॉन वॉकर लिंड को एक अमेरिकी तालिब के स्थान पर एक अमेरिकी तालिबान ही कहा गया था।

तालिबान अफगानिस्तान का एक इस्लामिक कट्टरपंथी राजनीतिक आंदोलन है। यह पूरे अफगानिस्तान में फैला और इस्लामिक एमीरेट्स ऑफ अफगानिस्तान के रूप में शासन करते हुए, सितंबर 1996 से दिसंबर 2001 तक, अफगानिस्तान में अपनी सरकार बना ली और कंधार को अपनी राजधानी बनाया। हालांकि इसे केवल तीन देशों ने ही कूटनीतिक मान्यता प्रदान की : पाकिस्तान, सऊदी अरब और यूनाइटेड अरब एमीरेट्स। मुहम्मद उमर इसका संस्थापक था और वह 1994 में इसकी स्थापना के साथ ही तालिबानों के आध्यात्मिक नेता के रूप में अपनी सेवाएं देता आ रहा है।

इसने सत्ता में आने के बाद, शरीआ को कड़ाई से लागू कर दिया, इसके द्वारा की गई शरीआ व्याख्या की मुसलमानों द्वारा कड़ी निंदा की गई। तालिबानों ने महिलाओं के प्रति बहुत ही कड़ा बर्ताव किया,

जिसके लिए इनकी अंतर्राष्ट्रीय रूप से निंदा की गई। अधिकतर तालिबान अफगान पश्तून कबीलों से हैं। तालिबान नेता देवबंदी रूढ़िवाद से प्रभावित थे और उनमें से कई बहुत सख्ती से उन सामाजिक व सांस्कृतिक नियमों का पालन करते हैं, जिसे 'पश्तूनवली' कहा जाता है।

1995 से 2001 तक, पाकिस्तान की इंटर सर्विस इंटेलीजेंस और सेना पर आरोप लगाया जाता रहा कि वे लोग तालिबान को सहयोग दे रहे थे। उनके ये संपर्क हरकत-उल-मुजाहिद्दीन के कारण थे, इस आतंकवादी दल की स्थापना सैमी-उल-हक द्वारा की गई थी। पाकिस्तान ने कहा कि उसने 9/11 के बाद इस दल को दिया जाने वाला सारा सहयोग बंद कर दिया था। अल-कायदा ने भी तालिबानों की मदद की और उसे अरब देशों व मध्य एशिया से लड़ाकू लाकर दिए। सऊदी अरब ने आर्थिक सहयोग प्रदान किया। तालिबान और उनके साथियों ने अफगान नागरिकों का जनसंहार किया, 160000 लोगों तक यू.एन. की भोजन आपूर्ति पहुंचाने पर रोक लगा दी और 1996 से 2001 के शासनकाल के दौरान बहुत कहर बरपाया। हज़ारों लोगों को मजबूरन पाकिस्तान, इरान और सीमावर्ती इलाकों में भागकर शरण लेनी पड़ी।

11 सितंबर, 2001 के हमलों के बाद तालिबानों को अमेरिका ने खदेड़ दिया। बाद में यह विद्रोह आंदोलन के रूप में दोबारा सामने आया ताकि अमेरिका के समर्थन प्राप्त करजई प्रशासन तथा आईएसएएफ से लड़ सकें। तालिबानों ने अपने आदर्शों व राजनीतिक लक्ष्यों की पूर्ति के लिए आतंकवाद की आड़ ली। यू.एन. के अनुसार, तालिबान और उनके साथी 2010 में 75 प्रतिशत अफगान नागरिकों, 2011 में 80 प्रतिशत अफगान नागरिकों तथा 2012 में 80 प्रतिशत अफगान नागरिकों को मारने के दोषी पाए गए।

तालिबान का मूल व इतिहास

तालिबान आंदोलन का मूल, अफगानिस्तान में सोवियत युद्ध के दौरान उत्तरी पाकिस्तान में प्रशिक्षित मुजाहिद्दीन से जोड़ा जा सकता

है। जब मुहम्मद जिआ-उल-हक पाकिस्तान के प्रेसीडेंट बने तो उन्हें भय था कि सोवियत बलूचिस्तान पर हमला करने की योजना बना रहे थे, तो उसने अख़्तर अब्दुर रहमान को सउ्दी अरब भेजा ताकि सोवियत बलों के ख़िलाफ़ सहयोग मिल सके। इसी दौरान, यू.एस. व सउदी अरब भी इसमें शामिल हो गए और आर्थिक सहयोग देने लगे। जिआ-उल-हक को वैश्विक इस्लामिक जिहाद का ग्रैंडफादर कहा जाता है। उसने पाकिस्तान के जमात उलेमा-ए-इस्लाम से संपर्क किया और जनरल अख़्तर अब्दुर रहमान को चुना। अस्सी के दशक में, पाकिस्तानी आईएसआई द्वारा मुहम्मद उमर सहित लगभग 90000 अफगानों को प्रशिक्षित किया गया।

1992 में मुहम्मद नजीबुल्लाह के पतन के बाद, अनेक अफगान राजनीतिक दल शांति व सत्ता को बांटने के नाम पर समझौते के लिए तैयार हो गई, जिसे 'पेशावर संधि' का नाम दिया गया। इसके अनुसार इस्लामिक स्टेट ऑफ अफगानिस्तान की स्थापना हुई और अस्थायी रूप से सरकार की व्यवस्था की गई।

ह्यूमन राइट्स वाच के अनुसार

अप्रैल 1992 में अफगानिस्तान को औपचारिक रूप से मान्यता दी गई। गुलबुद्दीन हिकमतयार की हिज्ब-ए-इस्लामी के अतिरिक्त बाक़ी सारे दल इस सरकार के अधीन एक थे। हिज्ब-ए-इस्लामी ने इस सरकार को मानने से इंकार कर दिया और सरकार पर हमले करती रही।

इस दल को पाकिस्तान से आर्थिक, सैन्य व कार्यशीलता संबंधी सहायता प्रदान की गई। अफागानिस्तान विशेषज्ञ अमीन सइकल के शब्दों में:

'पाकिस्तान मध्य एशिया में एक बदलाव के लिए तत्पर था। इस्लामाबाद नई इस्लामिक सरकार से यह अपेक्षा नहीं कर सकता था कि वह अपने राष्ट्रवादी उद्देश्यों की अधीनता स्वीकारेगी ताकि पाकिस्तान अपनी प्रांतीय महत्त्वाकांक्षाएं पूरी कर सके....अगर आईएसआई

का सहयोग व समर्थन न होता तो हिकमतयार के दल, आधे काबुल को तबाह नहीं कर सकते थे।'

इसके अतिरिक्त, सऊदी अरब और इरान ने अफगान नागरिक सेना को सहयोग दिया, जो एक-दूसरे के प्रति ही वैर पाल रहे थे। इरान ने अब्दुल अली मजारी के शिआ हज़ारा हिज्ब-ए-वहादत दल को सहयोग दिया, क्योंकि वह चाहता था कि वहादत का सैन्य बल व प्रभाव बढ़े। सऊदी अरब ने इत्तहाद-ए-इस्लामी के अब्दुल रसूल सैयाफ को अपना सहयोग दिया। शीघ्र ही इनके बीच की झड़प बढ़ गई। जॉर्ज वाशिंगटन यूनीवर्सिटी के एक प्रकाशन के अनुसार:

'बाहरी बलों ने अफगानिस्तान की इसी अस्थिरता का लाभ उठाते हुए, अपनी सुरक्षा व राजनीतिक एजेंडा को लागू करना चाहा।'

सिविल युद्ध के आरंभ होने के बाद, नई इस्लामिक सरकार को अपने तंत्र को सही तरह से लागू करने का समय ही नहीं मिला। अपराधियों तथा नागरिकों द्वारा भयंकर अपराध किए गए। जब भी कभी इस्लामिक स्टेट के नवनियुक्त रक्षा मंत्री अहमद शाह मसूद, प्रेसीडेंट सिबघटउल्लाह तथा प्रेसीडेंट रब्बानी और अंतर्राष्ट्रीय कमेटियों द्वारा भेजे गए राजदूतों द्वारा युद्धविराम करवाया जाता तो वह कुछ ही दिनों में सारा प्रबंध बेअसर हो जाता और सारे हालात ज्यों-के-त्यों हो जाते।

उत्तरी अफगानिस्तान के कुछ इलाके रक्षा मंत्री मसूद के नियंत्रण में थे और वहां कुछ काम भी हुआ। हेरात नगर इस्मायली खान के नेतृत्व में काफ़ी हद तक शांत रहा।

इस दौरान दक्षिणी अफगानिस्तान न तो विदेशियों की सहायता प्राप्त नागरिक सेना के बस में था और न ही काबुल की सरकार के अधीन था। वहां स्थानीय नेताओं व उनकी सेना का राज था। 1991 में, तालिबान ने अफगानिस्तान को राजनीतिक-धार्मिक बल में बदल दिया। मुल्ला उमर ने अपने जन्म स्थान कंधार में मदरसे के पचास सशस्त्र तालिबानों के साथ अपना आंदोलन आरंभ किया था। 1994 के बसंत में, सिंगेसर में उसके पड़ोसियों ने उसे कहा कि स्थानीय गवर्नर ने दो

लड़कियों का अपहरण कर लिया। उन्होंने उनके सिर मुंडवा दिए और फिर अपने खेमे में ले जाकर उनका बलात्कार किया। तीस तालिबानों ने अपनी सोलह बंदूकों के बल पर उन दोनों लड़कियों को रिहा करवाया और गवर्नर को फांसी पर लटका दिया गया। उसी वर्ष बाद में, दो सैन्य कमांडरों ने उन नागरिकों को मार दिया, जो एक युवक को उनके हाथों पड़ने से बचा रहे थे। तालिबानों ने उस युवक को रिहा करवाया।

आरंभ में तालिबानों की संख्या सैकड़ों में थी और उनके पास गोला-बारूद का अभाव था। कुछ ही माह में पाकिस्तान के मदरसों से करीबन 15000 छात्र और आ गए। तालिबानों की पहली प्रमुख सैन्य गतिविधि 1994 में हुई, जब उन्होंने कंधार और उसके आसपास के इलाकों पर कब्जा कर लिया और इस दौरान उनके केवल गिनती के लोग ही मारे गए। अनेक स्थानीय पश्तून नेताओं को भी उनके आगे हथियार डालने पड़े। तालिबानों ने स्पिन बालदाक पर भी कब्जा किया और वे 34 में से 12 प्रांतों को अपने अधीन करने में सफल रहे, जो अब केंद्र सरकार के अधीन नहीं रहे थे। विभिन्न इलाकों को संभाल रही नागरिक सेना प्राय: लड़े बिना ही समर्पण कर देती। उमर के प्रारंभिक कमांडरों में भूतपूर्व छोटे सैन्य कमांडर और मदरसे के मौलवी शामिल थे।

इसी दौरान अधिकतर नागरिक सेना के दल, काबुल पर कब्जा पाने के लिए लड़ रहे थे, पर वे अहमद शाह मसूद के आगे टिक न सके। शहर में बमबारी थमी और इस्लामिक स्टेट वहां शांति बहाल करने में कामयाब रही। मसूद ने प्रजातांत्रिक चुनावों के बल पर राष्ट्रीय एकता को कायम करने की चेष्टा की। उन्हें 'पंजशीर का शेर' कहा जाता था और वाल स्ट्रीट जर्नल ने शीत युद्ध को जीतने वाला अफगानी कहा। मसूद को लगा कि तालिबानी अफगानिस्तान में स्थिरता व शांति लाने में सहायक होंगे, इसलिए उसने उन्हें इस प्रक्रिया का हिस्सा बनने के लिए निमंत्रित किया। मसूद निहत्थे तालिबानी नेता से बात करने गए और उन्हें विश्वास दिलाया कि

उनके सहयोग से देश को संभाला जा सकता था, पर तालिबानों ने इंकार कर दिया। जब मसूद वापिस काबुल लौट गए तो उन्होंने जिस तालिबानी नेता से भेंट की थी, उसे उसके वरिष्ठ द्वारा कत्ल कर दिया गया, क्योंकि उसने मौका होने पर भी मसूद को जान से नहीं मारा था।

1995 में तालिबानों ने अफगानिस्तान पर कब्जा करने के लिए गोलीबारी करना आरंभ कर दिया। एमनेस्टी इंटरनेशनल ने लिखा:

'कई महीनों में पहली बार ऐसा हो रहा है कि नागरिक ही गोलियों का शिकार हो रहे हैं और आवासीय इलाकों को ही निशाना बनाकर रॉकेट छोड़े जा रहे हैं।'

हालांकि तालिबानों ने मसूद के हाथों मुंह की खाई और 1994 की प्रारंभिक जीत के बाद, अब उन्हें भारी पराजय का सामना करना पड़ा और उनका बहुत नुकसान भी हुआ। विश्लेषकों को लगा कि तालिबानी आंदोलन का अंत आ गया था, हालांकि इसी दौरान पाकिस्तान उन्हें मजबूत सैन्य सहयोग देने लगा। सितंबर 1996 में तालिबान एक बार फिर पूरे दल-बल सहित लौटे और इस बार उनके पास कोई कमी नहीं थी। मसूद ने आदेश दिया कि उसका दल हिंदुकुश के पर्वतों में चला जाए ताकि काबुल की सड़कों पर और खून न बहे। अगले ही दिन तालिबानों ने काबुल पर कब्जा कर लिया।

स्वात घाटी दो भयंकर युद्धों की साक्षी रही है। पहला युद्ध 'ऑपरेशन राह-ए-हक' के नाम से जाना जाता है। यह पाकिस्तान और तालिबान के बीच लड़ा गया था। युद्ध 25 अक्टूबर, 2007 को आरंभ हुआ, जिसमें पाकिस्तानी सेना और तालिबानों ने घाटी के नियंत्रण के लिए संघर्ष किया।

ये संघर्ष जारी रहे और पाकिस्तानी सेना को बार-बार राजनीतिक दबावों के आगे झुकना पड़ता, जो शांति की गुहार लगाते थे। जुलाई 2008 में ऑपरेशन राह-ए-हक द्वितीय आरंभ किया गया। इस बार वायुसेना भी साथ थी। उसी समय तालिबानी बाजूद एजेंसी में कहर बरपाने लगे, इसलिए सेना ने 'ऑपरेशन शेरदिल' आरंभ किया।

सेना ने जनवरी 2009 में 'ऑपरेशन राह-ए-हक' (तृतीय) भी किया ताकि प्रमुख आपूर्ति लाइनें बनी रहें। जनवरी के अंतिम सप्ताह में संघर्ष ने गंभीर रूप ले लिया। सेना मिंगोरा पर कब्जा पाने में सफल रही। तालिबानों को बाहर धकेल दिया गया और स्वात व मलाकंद में शरीआ लागू किया गया। प्रांतीय सरकार को शांति समझौते पर पूरा विश्वास था, हालांकि तालिबानों ने सरकार को छला और फिर से स्वात, बुनेर, मिंगोरा, शांगला और आसपास के इलाकों पर कब्जा कर लिया।

जब हालात बहुत बुरे हो गए तो प्रांतीय सरकार ने केंद्र सरकार से मदद मांगी। सेना हमेशा से ही मदद करना चाहती थी, पर हर बार राजनीतिक दबाव उसे निर्णय लेने से रोक देते, इस तरह सबको भारी कीमत अदा करनी पड़ी।

स्वात का दूसरा युद्ध 'राह-ए-रस्त' के नाम से जाना जाता है। यह मई 2009 में आरंभ हुआ और इसमें पास्तिानी सेना और तालिबानी शामिल थे। पहला युद्ध शांति समझौते के साथ समाप्त हुआ था, जिसकी पश्चिम में बहुत आलोचना हुई, हालांकि कुछ ही समय बाद सब कुछ पहले जैसा हो गया और फिर से कलह होने लगी।

पाकिस्तानी कमांडो और लगभग 300 तालिबानियों के बीच मिंगोरा में भयंकर संघर्ष हुआ। उन्होंने खाली पड़ी इमारतों में शरण ले रखी थी। मई 2009 में तालिबानी पीछे हटे और सेना ने कई हिस्से अपने अधीन कर लिए।

मिंगोरा सेना के अधीन आ गया था और शहर के चप्पे-चप्पे में तालिबानी खोजे जा रहे थे। पाकिस्तानी सेना ने आसपास के कई इलाकों को भी तालिबानों के कब्जे से छुड़ा लिया। सेना ने दावा किया कि इन युद्धों में उनके 90 सैनिक मारे गए, जबकि उन्होंने 1200 तालिबानियों को मार गिराया था।

मई में मिंगोरावासियों को शहर में वापिस बुलाया गया और सेना स्वात के दूसरे इलाकों से भी तालिबानों को हटाने के काम में लगी रही। तालिबानों और उनके बीच हल्की-फुल्की झड़पें भी चलती रहीं।

जून में कहा गया कि तहरीक-ए-नफज-ए-शरीअत-ए-मोहम्मदी (टीएनएसएम) का संस्थापक अन्य नेताओं के साथ बंदी बना लिया गया था। आने वाले दिनों में यह दावा भ्रामक हो गया, क्योंकि तालिबानों ने कहा कि मुहम्मद गायब था। कई दिन बाद पता चला कि वह व्यक्ति पकड़ा नहीं गया था, वह छिपा हुआ था। सेना ने उसे दो सहायकों सहित पकड़ लिया। वे दो सहायक जेल ले जाते समय मारे गए।

12 जून को मस्जिद में एक बम विस्फोट हुआ, जिसमें 38 नागरिक मारे गए। स्थानीय पाकिस्तानी नागरिक सेना 1500 के करीब थी, उन्होंने तीन सौ आतंवादियों को घेर लिया। पाकिस्तानी सेना ने भी वायुसेना भेज और शटकास व गाजी गई के इलाके में घमासान युद्ध हुआ। जिन बीस घरों में तालिबानी योद्धा होने का संदेह था, उन्हें उड़ा दिया गया। 11 तालिबानी आतंकवादी मारे गए। जून में ही सेना ने कुछ और इलाकों पर कब्जा करते हुए और कई तालिबानी मार गिराए। इस सिलसिले में पाकिस्तानी सेना भी मारी जाती रही। जुलाई में भी काबुल में भारी युद्ध हुआ। इसके बाद शरणार्थी अपने घरों को वापिस आने लगे।

सितंबर 2009 में लोग वापिस आ गए, पर पाकिस्तानी सेना और तालिबानी आतंकवादियों के बीच युद्ध जारी रहा।

मलाला की जंग

मलाला पहली बार अपनी मार्मिक डायरी के माध्यम से सार्वजनिक रूप से लोगों के सामने आई, जिसे बीबीसी उर्दू पर प्रकाशित किया गया, उस डायरी में क्रमशः यही इच्छा प्रकट की गई थी कि वह शिक्षा पाना चाहती थी और यह चाहती थी कि सभी लड़कियों को शिक्षा पाने का अधिकार मिले।

जब अक्टूबर 2012 को, उसे एक तालिबानी आतंकवादी ने गोली मारी, पाकिस्तान में सब उसे पहले से ही जानते थे, परंतु उस एक दुर्घटना के बाद वह अंतर्राष्ट्रीय रूप से भी लोगों की नज़रों में आ गई।

जब वह स्कूल बस से घर लौट रही थी तो एक आतंकवादी बस में चढ़ा और उस पर गोली चला दी। मलाला उस नाटकीय हमले में बच गई और उसकी बाक़ी दो सहेलियों को भी गोली लगने से चोट आई। पाठक आगे के पृष्ठों में विस्तार से जानेंगे कि किस तरह मलाला उस दिन के बाद आज तक अपने घर नहीं जा सकी और विदेश में चिकित्सा के बाद वहीं से अपने वैश्विक अभियान को जारी रखे हुए है, जिसके अनुसार वह सारी दुनिया की उन लड़कियों के लिए शिक्षा का अधिकार चाहती है, जिन्हें अब तक शिक्षा का अधिकार पाने से वंचित रखा गया है।

2013 में टाइम पत्रिका ने दुनिया के प्रभावशाली लोगों की सूची में उसका नाम शामिल किया, 2013 में ही उसका नाम नोबल शांति पुरस्कार के लिए दिया गया। उसने विचारों की स्वतंत्रता के लिए यूरोपियन संसद का 'शाकरोव पुरस्कार' जीता और पिछले साल उसकी आत्मकथा भी प्रकाशित हुई, जिसका शीर्षक था, 'मैं मलाला हूं'। मलाला ने जब पहली बार जनवरी-मार्च 2009 में बीबीसी उर्दू के लिए डायरी लिखी तो उस समय उसकी आयु ग्यारह वर्ष थी। तालिबान नियंत्रित स्वात में लड़कियां कैसे शिक्षा पाने के लिए कैसे तरस रही थीं, उसकी डायरी के पन्नों के उन मार्मिक प्रसंगों ने पाठकों को भावुक कर दिया। मलाला ने 'गुल मकई' के छद्म नाम से डायरी लिखी, यह नाम एक अफगानी लोकनायिका के नाम पर रखा गया था।

आतंकवादियों ने अपने नियंत्रण के दौरान लड़कियों के सैकड़ों स्कूलों को तबाह कर दिया था। वे नहीं चाहते थे कि लड़कियां स्कूली शिक्षा ग्रहण करें और मलाला के लिए यही सबसे बड़ी चिंता का विषय था।

यदि उसने अपनी सही पहचान छिपाने के लिए 'गुल मकई' नाम लिया था तो निश्चित रूप से वह कारगर नहीं रहा। फरवरी के मध्य तक न्यूयॉर्क टाइम्स एक वृत्तचित्र बना चुका था, जिसमें दिखाया गया था कि किस तरह मलाला और उसके पिता तालिबान नियंत्रित

स्वात घाटी में लड़कियों के एक स्कूल को चालू रखने के लिए संघर्षरत थे। जनवरी में वृत्तचित्र पहले से तैयार हो चुका था। यह स्पष्ट नहीं हो पाया है कि न्यूयॉर्क टाइम्स को बीबीसी के माध्यम से मलाला के बारे में पता चला या उनके पास सूचना का कोई और स्रोत रहा होगा। चाहे जो भी हो, यहां मीडिया की नैतिकता पर प्रश्नचिन्ह आता है। मीडिया संगठनों का कर्त्तव्य बनता है कि वे समस्याग्रस्त इलाकों में रह रहे लोगों की आवाज़ को अपना समर्थन देने के साथ-साथ उनकी सुरक्षा के प्रति भी चौकस रहें। उन्हें यह नहीं भूलना चाहिए कि एक बार जब वे कैमरे लेकर उन लोगों के बीच से चले जाएंगे, तो उन्हें उसी समस्या और कष्टों के बीच जीना है और कहीं ऐसा न हो कि उन लोगों को कैमरे के आगे सच बोलने की भारी कीमत चुकानी पड़े।

जैसा कि हम सब जानते हैं कि तीसरी दुनिया में मीडिया द्वारा उन लोगों की सुरक्षा के बारे में बहुत अधिक सावधानी या चिंता नहीं पाई जाती, जो उन्हें समाचार या जानकारी प्रदान करते हैं। इस प्रांत में कई स्थानों पर बिना कोई कानूनी अनुमति लिए बहुत सी तस्वीरें ली जाती रही हैं और कई स्थानों पर तो लोगों को यह भी पता नहीं होता था कि उनकी रिपोर्टिंग की जा रही है। उन्हें यह भी समझ नहीं आता था कि मीडिया अपनी तकनीकों के माध्यम से उनकी छवि व जानकारी को किस तरह दुनिया के सामने पेश करेगा।

हो सकता है कि मलाला और उसके परिवार के साथ यह स्थिति न रही हो, क्योंकि उन्होंने सब जानने-समझने व नकारात्मक परिणामों का अनुमान लगाने के बाद ही इस परियोजना में अपना हाथ डाला होगा। इस तरह के साहस को समर्थन दिया जाना चाहिए। परंतु यह प्रश्न अब भी ज्यों-का-त्यों है कि क्या मीडिया अपने लाभ के लिए इन लोगों के कष्टों का सौदा करता है?

यह डायरी सबसे पहले बीबीसी उर्दू ऑनलाइन पर प्रकाशित हुई। इस डायरी में अनेक प्रसंग दिए गए हैं। इन्हें बिना किसी संपादन के, ज्यों-का- त्यों दिया गया है:

पहला भाग- शनिवार, 3 जनवरी 2009: मैं भयभीत हूं

कल रात मुझे बहुत भयंकर सपना आया जिसमें मैंने सेना के हैलीकॉप्टर और तालिबान देखे। जबसे स्वात में सैन्य कार्रवाईयां होने लगी हैं, तब से मुझे ऐसे ही डरावने सपने आते रहते हैं। अम्मी ने मुझे नाश्ता बनाकर दिया और मैं स्कूल चली गई। मुझे स्कूल जाने से डर लग रहा था, क्योंकि तालिबान ने फरमान जारी कर दिया है कि लड़कियों के स्कूल जाने पर पाबंदी लगा दी गई है।

27 बच्चों की कक्षा में केवल 11 ही हाजिर थे। तालिबानों के फरमान के कारण स्कूल आने वाली लड़कियों की संख्या में भारी कमी आई है। मेरी तीन सहेलियां इस फरमान को सुनने के बाद सपरिवार पेशावर, लाहौर और रावलपिंडी चली गई हैं।

मैंने स्कूल से घर वापिस आते हुए सुना, एक व्यक्ति कह रहा था, 'मैं तुम्हें जान से मार दूंगा।' मैंने अपनी चाल तेज़ कर दी और कुछ देर बाद मुड़ कर देखा तो पाया कि वह अब भी मेरे पीछे ही आ रहा था, पर मुझे यह देखकर तसल्ली हुई कि वह फोन पर था और बेशक किसी दूसरे को फोन पर धमका रहा होगा।

दूसरा भाग- रविवार, 4 जनवरी 2009 : मुझे स्कूल जाना ही होगा

आज अवकाश का दिन है और मैं करीब दस बजे सोकर उठी। मैंने सुना कि अब्बा बता रहे थे, ग्रीन चौक पर तीन शव पड़े पाए गए हैं। मुझे यह सुनकर बहुत दुःख हुआ। सैन्य कारवाई आरंभ होने से पहले हम रविवार को प्रायः मरघाज़र, फ़िज़ा घाट और कंजू में पिकनिक मनाने जाया करते थे, पर अब हालात ये हैं कि हम पिछले डेढ़ साल से कहीं घूमने नहीं जा सके।

हम अकसर रात के खाने के बाद भी टहलते थे, पर अब दिन ढलने से पहले ही घर लौटना होता है। आज मैंने घर के काम में अम्मी

की मदद की, अपने स्कूल का गृहकार्य किया और अपने भाइयों के साथ खेली; पर मेरा दिल तेज़ी से धड़क रहा था; क्योंकि मैंने कल स्कूल जाना था।

तीसरा भाग- रविवार, 5 जनवरी 2009 : रंगीन कपड़े पहनने पर पाबंदी

मैं स्कूल जाने के लिए तैयार हो रही थी। ज्यों ही वर्दी पहनने लगी तो याद आया कि हमारी प्रिंसिपल ने हमें वर्दी पहनने को मना किया था और कहा था कि घर पहने जाने वाले सादे कपड़ों में ही स्कूल आएं, तो मैंने तय किया कि अपनी मनपसंद गुलाबी पोशाक पहनूंगी। दूसरी लड़कियां भी इसी तरह घरेलू कपड़ों में स्कूल आ रही हैं।

मेरी सहेली ने आकर कहा, 'अल्लाह के नाम पर, मुझे सच-सच बताना, क्या हमारे स्कूल पर तालिबानों का हमला होने वाला है?' सुबह की सभा में हमसे कहा गया कि हम रंगीन कपड़े भी पहनकर न आएं, क्योंकि तालिबानों को इस पर भी आपत्ति हो सकती थी।

मैं स्कूल से लौटी और दोपहर के खाने के बाद ट्यूशन ली। शाम को मैंने टी.वी. चलाया तो ख़बर सुनने में आई कि पंद्रह दिन बाद शकरदरा से कर्फ्यू हटा लिया गया है। मुझे यह सुनकर अच्छा लगा, क्योंकि अंग्रेज़ी की अध्यापिका वहीं रहती है और हो सकता है कि अब वह स्कूल आ जाए।

चौथा भाग- बुधवार, 7 जनवरी 2009 : कोई फायरिंग या भय नही

मैं मुहर्रम की छुट्टी बिताने के लिए बुनेर आई हूं। मुझे ऊंचे पहाड़ों व हरे-भरे खेतों के कारण बुनेर बहुत पसंद है। मेरा स्वात भी सुंदर है, पर वहां शांति नहीं है। बुनेर में चारों ओर अमन व शांति है। यहां किसी तरह की गोलीबारी या डर का साया नहीं है। हम सब यहां बहुत खुश हैं।

आज हम सब पीर बाबा की दरगाह पर गए। वहां और भी बहुत

से लोग आए हुए थे। लोग यहां माथा टेकने आए हैं और हम छुट्टी मनाने आए हैं। यहां दुकानों पर चूड़ियां, कानों के बुंदे, गले में पहने जाने वाले लॉकेट और दूसरे नकली गहने बिक रहे हैं। मैंने सोचा कि कुछ खरीदूं, पर कुछ भी पसंद नहीं आया। अम्मी ने कानों के बुंदे और चूड़ियां लीं।

पांचवां भाग- शुक्रवार, 9 जनवरी 2009 : मौलाना छुट्टी पर क्यों गए?

आज मैंने स्कूल में सहेलियों को बताया कि मैं बुनेर घूमकर आई हूं। उन्होंने कहा कि वे बुनेर की बातें सुन-सुन कर तंग आ गई हैं। फिर हमने मौलाना शाह दुर्रान की मौत की अफवाह के बारे में बात की, जो एफ.एम. रेडियो पर भाषण देते थे। वही तो थे, जिन्होंने तालिबानों द्वारा लड़कियों के स्कूल जाने की पाबंदी का ऐलान किया था।

कुछ लड़कियों ने कहा कि उनकी मौत हो गई है और कुछ का कहना था कि ये झूठ है। चारों ओर उनकी मौत की अफवाह फैली है, क्योंकि कल रात उन्होंने रेडियो पर अपना भाषण नहीं दिया। एक लड़की ने कहा कि शायद वे छुट्टी पर गए हों।

शुक्रवार को ट्यूशन नहीं जाना था, इसलिए मैं सारा दोपहर खेलती रही। मैंने शाम को टी.वी. चलाया तो लाहौर में हुई बमबारी का पता चला। मैंने अपने-आप से कहा, 'पाकिस्तान में बार-बार ये बम विस्फोट क्यों होते रहते हैं?'

छठा भाग- बुधवार, 14 जनवरी 2009 : हो सकता है कि मैं दोबारा स्कूल न जा सकूं

आज स्कूल जाते समय मन बहुत खराब था, क्योंकि कल से शीतकालीन अवकाश होने वाले हैं। प्रिंसिपल ने छुट्टियों की घोषणा कर दी है, पर ये नहीं बताया कि स्कूल दोबारा कब खुलेंगे। ऐसा पहली बार हुआ है। पहले हमेशा बताया जाता था कि फलां तारीख से

स्कूल खुलेंगे। प्रिंसिपल ने हमें इसका कारण तो नहीं बताया, पर मेरा अंदाजा था कि तालिबानों ने 15 जनवरी से लड़कियों के स्कूल जाने पर पाबंदी लगा दी है।

इस बार लड़कियों को भी छुट्टी पर जाने का इतना शौक नहीं आ रहा क्योंकि वे जानती हैं कि अगर तालिबानों का फरमान जारी रहा तो वे दोबारा स्कूल आ ही नहीं सकेंगी। कुछ लड़कियों को उम्मीद है कि फरवरी में स्कूल खुलेंगे, पर कुछ अपने परिवारों के साथ स्वात से बाहर जा रही हैं ताकि अपनी पढ़ाई पूरी कर सकें।

आज स्कूल का आखिरी दिन था, इसलिए हमने तय किया कि स्कूल के मैदान में थोड़ी ज्यादा देर खेलेंगे। मुझे उम्मीद है कि स्कूल एक दिन खुलेगा, पर जाते समय मैंने इमारत को मुड़कर देखा तो ऐसा लगा कि मानो मैं अब यहां दोबारा पढ़ने नहीं आऊंगी।

सातवां भाग- वीरवार, 15 जनवरी 2009 : गोलियों के शोर से आतंकित रात

सारी रात गोलियां चलने की आवाज़ गूंजती रही और मैं तीन बार उठी। पर जब से स्कूल बंद हुआ है, मैं सुबह दस बजे के करीब सोकर उठती हूं। इसके बाद मेरी सहेली घर आई और हमने स्कूल से मिले काम के बारे में बात की।

आज 15 जनवरी है, तालिबानों के फरमान के लागू होने से एक दिन पहले और मेरी सहेली स्कूल के काम के बारे में ऐसे बात कर रही है मानो कुछ हुआ ही न हो।

आज मैंने बीबीसी उर्दू के लिए लिखी गई डायरी भी पढ़ी, जो अख़बार में छपी है। मेरी अम्मी को मेरा छद्म नाम 'गुल मकई' अच्छा लगा। वे अब्बा से बोलीं कि हम इसका नाम बदलकर गुल मकई ही क्यों न रख दें। मुझे भी यह नाम पसंद है, क्योंकि मेरे असली नाम का अर्थ है, 'दुःखों से ग्रस्त'।

मेरे अब्बा ने बताया कि कुछ दिन पहले उन्हें किसी ने डायरी का प्रिंटआउट लाकर दिया और कहा कि यह कितना अच्छा लिखा है। वे

मुस्कुरा दिए, पर यह भी नहीं कह सके कि उनकी ही बेटी ने उसे लिखा था।

आठवां भाग- शुक्रवार, 18 जनवरी 2009 : पुलिस दिखाई नहीं दी

अब्बा ने कहा कि सरकार हमारे स्कूलों की रक्षा करेगी। प्रधानमंत्री ने भी इस मसले को उठाया है। मैं तो प्रारंभ में बहुत प्रसन्न थी, पर यह नहीं जानती थी कि इससे हमारी समस्या हल नहीं होगी। हम रोज सुनते हैं कि स्वात में इतने सैनिक मारे गए हैं और कइयों का अपहरण कर लिया गया है, पर पुलिस तो कहीं दिखाई नहीं देती।

हमारे माता-पिता भयभीत हैं। उन्होंने हमसे कहा है कि वे हमें स्कूल नहीं भेजेंगे, क्योंकि तालिबानों ने स्वयं लड़कियों के स्कूल बंद करने को कहा है। सेना भी हमारी शिक्षा में खलल डालने की जिम्मेवार है।

आज जब हमारे मुहल्ले का एक लड़का स्कूल गया तो उसे यह कहकर घर भेज दिया गया कि कर्फ्यू लगने वाला है जबकि ऐसी कोई बात नहीं थी और स्कूल इसलिए बंद किया गया था कि उस इलाके के पास से सेना को निकलना था।

नौवां भाग- सोमवार, 19 जनवरी 2009 : सेना अपने बंकरों में

पांच और स्कूल तबाह कर दिए गए हैं, उनमें से एक मेरे घर के पास था। मैं तो हैरान हूं कि जब ये स्कूल बंद थे तो इन्हें नष्ट करने की क्या आवश्यकता थी? कोई भी तालिबानों के फरमान के बाद से स्कूल नहीं जा रहा है।

सरकार स्कूलों की सुरक्षा के नाम पर कुछ नहीं कर रही। आज मैं सहेली के घर गई तो उसने बताया कि कुछ दिन पहले किसी ने मौलाना शाह दुर्रान के अंकल को मार दिया और शायद अपना गुस्सा

उतारने के लिए ही तालिबानों ने स्कूलों को नष्ट किया होगा।

उसने यह भी कहा कि जब तालिबानों को कोई हानि नहीं पहुंचा रहा तो वे हमारे स्कूलों को क्यों नुकसान पहुंचा रहे हैं, पर सेना भी इस मामले में हाथ-पर-हाथ रखे बैठी है। वे पहाड़ियों पर बने बंकरों में आराम से बैठे हैं। वे मजे से बकरे हलाल करते हैं और पेट भरकर दावत करते हैं।

दसवां भाग- वीरवार, 22 जनवरी, 2009, नाजुक हालात

स्कूल बंद होने के बाद से, घर बैठे-बैठे उकता गई हूं।

मेरी कुछ सहेलियां इन ख़तरनाक हालातों को देखते हुए स्वात छोड़ चुकी हैं। रात को फिर से मौलाना दुर्रान ने चेतावनी दी है कि लड़कियां और औरतें घरों से बाहर न निकलें।

तालिबान नियमित रूप से लोगों की सार्वजनिक पिटाई करते रहते हैं और उन्होंने यह चेतावनी भी दी है कि वे उन स्कूलों को भी तबाह कर देंगे, जिन्हें सुरक्षा बलों द्वारा सुरक्षा चौकियों के रूप में इस्तेमाल किया जा रहा है।

अब्बा ने बताया कि सुरक्षा चौकियां बाबा हाजी इलाके के लड़के और लड़कियों के स्कूलों में डेरा डाले हैं। अल्लाह उन्हें सलामत रखे। मौलाना शाह दुर्रान ने यह भी कहा कि कल तीन चोरों को कोड़ों से पीटा जाएगा और जो भी देखना चाहे, आकर देख सकता है।

मैं तो इस बात पर हैरान हूं कि जब हमें इतना सताया जा रहा है तो लोग जाकर ऐसी चीज़ें क्यों देखते हैं? सेना उन्हें यह सब करने से मना क्यों नहीं करती? मैंने देखा है कि जहां भी सेना होती है, तालिबान का कोई-न-कोई सदस्य आसपास अवश्य होता है, पर जहां भी तालिबान होते हैं, वहां तो सेना कभी दिखाई नहीं देती।

ग्यारहवां भाग- शनिवार, 24 जनवरी, 2009 : कब्र बनाने का खेल

स्वात की इस जंग से केवल एक लाभ यह हुआ कि अब्बा हमें

मिंगोरा से दूर, अन्य दूसरे नगरों में भी लेकर गए। हम कल इस्लामाबाद से पेशावर आए हैं। पेशावर में हमने अपने एक संबंधी के घर चाय पी और फिर बन्नूर के लिए रवाना हुए।

मेरा पांच साल का भाई बाग में खेल रहा था। जब मेरे भाई से अब्बा ने पूछा कि वह क्या खेल रहा था, तो उसने कहा, 'मैं एक कब्र बना रहा हूं।'

फिर हम बन्नू जाने के लिए बस स्टैंड गए। बस बहुत पुरानी थी और ड्राइवर लगातार हॉर्न बजाकर परेशान करता रहा। रास्ते में हमारी बस एक गटर के ढक्कन से टकरा गई और हॉर्न लगातार बजने लगा। मेरा दस साल का भाई डरकर नींद से जाग गया।

उसने डरते हुए अम्मी से पूछा, 'क्या कहीं बम फूटा है?' बन्नू में अब्बू के दोस्त हमारा इंतजार कर रहे थे। वे भी पश्तून हैं, पर उनका परिवार बन्नू बोली बोलता है, इसलिए हम उनकी बात अच्छी तरह समझ नहीं सके।

पहले हम बाज़ार और फिर पार्क गए। यहां औरतों को जब भी घर से बाहर जाना हो तो उन्हें बुर्का पहनना होता है। अम्मी ने भी पहना, पर मैंने यह कहकर मना कर दिया कि बुर्का पहनकर मुझसे चला नहीं जाएगा।

स्वात के मुकाबले बन्नू में शांति है। हमारे मेजबान ने बताया कि बन्नू में भी तालिबान थे, पर स्वात जैसे बुरे हाल नहीं हैं। उन्होंने कहा कि वहां भी तालिबानों ने स्कूल बंद करने की धमकी दी थी, पर अभी वहां स्कूल खुले थे।

बारहवां भाग- शनिवार, 24 जनवरी, 2009 : ऑनर्स बोर्ड पर कोई नाम नहीं

अवकाश के बाद हमारी वार्षिक परीक्षा होने वाली थी, पर वह तभी संभव था जब तालिबान हमारे स्कूलों पर लगी पाबंदी हटा देते। हमें परीक्षा के लिए कुछ अध्याय तैयार करने को कहा गया था, पर पढ़ने का मन ही नहीं करता था।

कल से सेनाओं ने सुरक्षा के लिए शैक्षिक संस्थाओं को अपने अधीन कर लिया है। ऐसा लगता है कि जब दर्जनों स्कूल तबाह कर दिए गए और बाक़ी सब बंद कर दिए गए, तब सेना को उनकी सुरक्षा करने का विचार आया। यदि उन्होंने आरंभ से ही इतनी चौकसी बरती होती तो ऐसी नौबत ही न आती।

एक स्वात तालिबान वक्ता मुस्लिम खान ने कहा है कि जिन स्कूलों में सेना ने शरण ली है, उन्हें निशाना बनाया जाएगा। हमें तो अपने स्कूल में सेना के होने से अधिक भय लग रहा है। हमारे स्कूल में एक ऑनर्स बोर्ड है। उस पर सबसे अधिक अंक पाने वाली लड़की का नाम लिखा जाता है। लगता है कि उस बोर्ड पर इस साल किसी भी लड़की का नाम नहीं आने वाला।

तेरहवां भाग- सोमवार, 26 जनवरी, 2009 : हैलीकॉप्टर टॉफिज़

मैं अलसुबह गोलियों की तेज़ आवाज़ सुनकर जाग गई। पहले हम हैलीकॉप्टरों की आवाज़ से डरते थे और अब गोलीबारी से नाक में दम है। मुझे याद है कि जब पहली बार किसी ऑपरेशन के तहत, हमारे घर के पास से हैलीकॉप्टर निकला था तो हम डर के मारे छिप गए थे।

सेना को दोषी ठहराया जा रहा है कि वह हमारे स्कूलों को बचाने के लिए कोई ठोस कदम नहीं उठा रही। मेरे पड़ोस के सभी बच्चे भी बहुत डरे हुए हैं।

एक दिन हैलीकॉप्टर से टॉफियां बरसाई गई और ऐसा कई दिनों तक जारी रहा। इसके बाद हम हैलीकॉप्टर की आवाज़ सुनकर बाहर भागते, पर फिर कभी ऐसा नहीं हुआ। कुछ समय बाद अब्बा ने खुशखबरी सुनाई कि वे हमें इस्लामाबाद ले जा रहे हैं। हम सब बहुत खुश हैं।

चौदहवां भाग- बुधवार, 28 जनवरी, 2009 : मेरे अब्बा-अम्मी की आंखों में आंसू

मेरे अब्बा ने अपना वादा निभाया और कल हम इस्लामाबाद आ

गए। मैं स्वात से आते हुए बहुत डरी हुई थी, क्योंकि हमने सुन रखा था कि तालिबान तलाशियां ले रहे थे, पर हमारे साथ ऐसा कुछ नहीं हुआ। तालिबान की बजाए सेना तलाशी ले रही थी। जब हम स्वात से निकले तो सारा डर भी छूमंतर हो गया।

कई लोग आतंवादियों की लड़कियों के स्कूल बंद करने की नीति के ख़िलाफ़ हैं। हम इस्लामाबाद में अपने अब्बा के एक दोस्त के यहां रह रहे हैं। मैं इस शहर में पहली बार आई हूं। यहां के बंगले सुंदर और सड़कें चौड़ी हैं, पर मेरे स्वात की तुलना में यहां प्राकृतिक सौंदर्य नहीं है। अब्बा हमें लोकविरसा संग्रहालय ले गए और मैंने वहां बहुत कुछ सीखा। हमारे यहां स्वात में भी संग्रहालय है, पर पता नहीं कि वह जंग की मार से बचेगा या नहीं?

मेरे अब्बा ने लोकविरसा के बाहर एक बूढ़े आदमी से पॉपकॉर्न खरीदे। जब उसने अब्बा से पश्तो में बात की तो अब्बा ने उससे पूछा, 'क्या वह इस्लामाबाद का रहने वाला हैं? बूढ़े ने जवाब दिया, 'क्या आपको लगता है कि क्या इस्लामाबाद कभी पश्तूनों से संबंधित हो सकता है?'

उसने कहा कि वह मोमंद एजेंसी था, परंतु सैन्य ऑपरशनों के चलते उसे अपना घर छोड़ना पड़ा और शहर आना पड़ा। उस समय मैंने अपने अब्बा और अम्मी की आंखों में आंसू देखे।

पंद्रहवां भाग- शनिवार, 24 जनवरी, 2009 : उन मृतकों का बदला कौन लेगा?

जब हम बन्नू से पेशावर वापिस आ रहे थे तो मेरी एक सहेली का फोन आया कि स्वात पर इस्लामिक आतंकवाद का भारी हमला हुआ है। वह बहुत डरी हुई थी और उसने बताया कि हालात बदतर होते जा रहे थे, हमें वापिस नहीं जाना चाहिए। उसने बताया कि सैन्य कार्रवाई तेज़ होती जा रही है और केवल आज की बमबारी में ही 37 लोग मारे गए हैं।

हम शाम को पेशावर पहुंचे और बहुत थके हुए थे। मैंने टी.वी. चलाया तो स्वात पर रिपोर्ट आ रही थी। चैनल में दिखाया जा रहा था कि लोग खाली हाथ, स्वात से पैदल ही चले जा रहे थे।

मैंने चैनल बदला तो एक महिला को कहते सुना, 'हम बेनजीर भुट्टो की हत्या का बदला लेंगे।' मैंने अब्बा से पूछा कि स्वात में मरे सैकड़ों- हज़ारों लोगों की जानों का बदला कौन लेगा?

सोलहवां भाग- फरवरी, 2 जनवरी, 2009 : तालिबानी आदेश से स्कूल बंद

मैं उदास हूं, क्योंकि स्वात में अब भी स्कूल बंद हैं।

हमारे स्कूल का आज खुलना था। जब मैं उठी तो पता चला कि स्कूल तो अब भी बंद था और यह जानकर मन उदास हो गया। पहले हम स्कूल बंद होने पर खुश हुआ करते थे, पर इस बार ऐसा नहीं है। क्योंकि मुझे डर है कि तालिबानी आदेश के कारण स्कूल कभी खुल ही नहीं सकेगा।

मेरे अब्बा ने बताया कि लड़कियों के निजी स्कूल बंद होने की वजह से यह तय किया गया है कि लड़कों के प्राइवेट स्कूल भी 8 फरवरी तक बंद रखे जाएंगे। स्कूलों के बाहर नोटिस लग गया है कि उन्हें 9 फरवरी को खोला जाएगा। अब्बा ने कहा कि लड़कियों के स्कूल के बाहर कोई नोटिस नहीं है, इसलिए यही माना जाना चाहिए कि वे अभी नहीं खुलने वाले।

सत्रहवां भाग- शनिवार, 7 फरवरी, 2009 : एक खामोशी

मैं अपने भाई के साथ दोपहर को मिंगोरा के लिए निकली। अम्मी पहले ही वहां जा चुकी है। बीस दिन बाद घर लौटने की खुशी के साथ-साथ मन में थोड़ा-सा डर भी था। मिंगोरा में प्रवेश करने से पहले कंबर में चारों ओर खामोशी छाई थी।

लंबे बालों और दाढ़ियों वाले लोगों के सिवा कोई दिखाई नहीं दे रहा था। उन्हें देख कर लगता था कि वे तालिबानी थे। मैंने कुछ घर भी देखे, जो गोलीबारी के कारण तबाह हुए पड़े थे।

मिंगोरा की गलियां बहुत तंग थीं। हम अम्मी के लिए तोहफा लेने

के लिए सुपरमार्केट गए, पर वह बंद था। जबकि वह तो पहले देर रात तक खुला रहा करता था। उसके अलावा और भी कई दुकानें बंद थीं। हमने अपनी अम्मी को अपने आने के बारे में नहीं बताया था, क्योंकि हम अचानक जाकर उन्हें चौंकाना चाहते थे। वे हमें देखकर बुरी तरह से चौंक गई।

अठारहवां भाग- रविवार, 8 फरवरी, 2009 : स्कूल से जुड़ी यादें

मैं बहुत उदासी से अपनी वर्दी, स्कूल के बैग और ज्यामिति बॉक्स को देख रही हूं। मुझे अपनी अलमारी खोलने पर दुःख होता है, क्योंकि उसमें यह सारा सामान पड़ा दिखाई देता है। लड़कों के स्कूल कल से खुल रहे हैं, पर तालिबानों ने लड़कियों की शिक्षा पर पाबंदी लगा रखी है।

मेरी आंखों के आगे स्कूल की यादें नाच रही हैं। मुझे लड़कियों की आपसी बहस और बातें याद आ रही हैं।

मेरे भाई के स्कूल कल से खुल रहे हैं और उसने अपना काम पूरा नहीं किया है। उसे चिंता हो रही है और वह कल स्कूल नहीं जाना चाहता। मेरी अम्मी ने उसे कल लगने वाले कर्फ्यू के बारे में बताया तो वह मारे खुशी के झूम उठा।

उन्नीसवां भाग- सोमवार, 9 फरवरी, 2009 : जोखिम

स्वात में लड़कों के स्कूल खुल गए हैं और तालिबानों ने लड़कियों की प्राथमिक शिक्षा को मंजूरी दे दी है, इसलिए वे भी स्कूल जा रही हैं। हमारे स्कूल में भी प्राथमिक स्तर पर लड़के व लड़कियां एक साथ ही पढ़ते हैं।

मेरे भाई ने बताया कि 49 में से केवल 6 बच्चे ही स्कूल आए, जिनमें एक लड़की भी शामिल थी। मेरे स्कूल के 700 बच्चों में से केवल 70 बच्चे स्कूल आए।

आज हमारी नौकरानी आई थी। वह सप्ताह में एक बार हमारे कपड़े धोने आती है।

वह अटक से है, पर वह इस इलाके में सालों से रह रही है। उसने बताया कि स्वात में हालात बहुत ही बदतर होते जा रहे हैं और उसके पति ने उसे कहा है कि उसे अटक लौट जाना चाहिए।

लोग अपनी मर्जी से अपनी जन्मभूमि नहीं छोड़ते - केवल गरीबी या किसी प्रेम संबंध के कारण ही कोई अपने घर को छोड़ता है।

बीसवां भाग- बुधवार, 11 फरवरी, 2009 : विस्फोट की चेतावनिया

मैं सारा दिन बहुत डरी हुई रही और उकता भी गई। हमारे पास अब टी.वी. नहीं है। जब हम बीस दिन तक मिंगोरा से बाहर थे, तो हमारे घर में चोरी हुई।

पहले ऐसा कभी नहीं होता था, पर अब तो मिंगोरा में सुरक्षा के हालात 'बदतर ही होते जा रहे हैं। अल्लाह का शुक्र है कि घर में नकदी और जेवर नहीं थे। मेरे कड़े और पायल भी गायब थे, पर बाद में मिल गए। शायद पहले चोर ने उन्हें सोने का समझकर उठाया होगा और फिर नकली जानकर, वहीं फेंक दिया होगा।

मौलाना फज़्लउल्लाह ने कल रात एफ.एम. चैनल पर अपने भाषण में कहा कि मिंगोरा के पुलिस स्टेशन में होने वाला विस्फोट कुछ ऐसा था मानो कोई प्रेशर कुकर फटा हो। उन्होंने कहा कि अगला विस्फोट कड़ाही में हुए विस्फोट के बराबर होगा और उसके बाद ऐसा विस्फोट किया जाएगा मानो कोई टैंकर फट गया हो।

रात को अब्बा ने हमें स्वात के हालात के बारे में बताया। इन दिनों हमारे लिए सेना, तालिबान, रॉकेट, गोला-बारूद, गोलीबारी, मौलाना फजलउल्लाह, मुस्लिम खान, पुलिस, हैलीकॉप्टर, मौत और घायल जैसे शब्द तो बहुत आम हो गए हैं और बार-बार प्रयुक्त किए जाते हैं।

इक्कीसवां भाग- वीरवार, 12 फरवरी, 2009: गोलीबारी

पिछली रात भारी गोलीबारी हुई। मेरे दोनों भाई सो रहे थे, पर मैं

सो नहीं सकी। मैं पहले अब्बा के पास और फिर अम्मी के पास गई, पर नींद नहीं आई।

स्वात में लड़कियों के स्कूल बंद किए जाने पर कई पाकिस्तानी नाराज़ हैं। मैं देर से सोकर उठी। दोपहर को ट्यूशन के बाद मेरी धर्मशिक्षा के उस्ताद आए। शाम को मैं भाइयों के साथ खेली। हमने बहुत लड़ाई और बहसबाज़ी भी की। हमने कुछ देर कंप्यूटर पर गेम भी खेली।

जब तालिबानों ने केबल पर पाबंदी नहीं लगाई थी, तो मैं स्टार प्लस चैनल देखती थी और 'राजा की आएगी बारात' मेरा प्रिय सीरियल था।

आज वीरवार है और मैं भयभीत हूं, क्योंकि लोग कहते हैं कि आत्मघाती हमले अकसर शुक्रवार सुबह या शाम को ही होते हैं। हमला करने वालों को ऐसा लगता है कि शुक्रवार या जुम्मे का इस्लाम में विशेष महत्त्व है और इस दिन ऐसा हमला करने से अल्लाह को खुशी होगी।

बाईसवां भाग- शुक्रवार, 13 फरवरी, 2009: फज़लउल्लाह के आंसू

आज मौसम अच्छा है। बारिश के बाद तो मेरी घाटी जैसे और भी निखर जाती है। जब मैं सुबह उठी तो अम्मी ने बताया कि रात को एक रिक्शा चलाने वाले और चौकीदार की हत्या कर दी गई। एक-एक दिन बीतने के साथ ज़िंदगी जहन्नुम होती जा रही है।

मिंगोरा के आसपास के इलाकों में रहने वाले हज़ारों लोग प्रतिदिन यहां आ रहे हैं, जबकि मिंगोरा में रहने वाले, दूसरे सुरक्षित शहरों में जा रहे हैं। अमीर तो स्वात से निकल गए, पर गरीबों को तो यहीं रहना है। उनके लिए कोई स्थान नहीं है।

हमने अपने रिश्ते के भाई से कहा कि वह हमें इस सुहावने मौसम में शहर में घुमाने ले जाए। वह हमें ले गया, पर बाजार जाकर देखा कि सब दुकानें बंद थीं और सब सुनसान पड़ा था। हम कंबर की ओर

जाना चाहते थे, पर किसी ने बताया कि वहां तो बड़ा-सा जुलूस निकल रहा है।

उस रात मौलाना फज़्लउल्लाह रेडियो पर आए और बहुत देर तक रोते रहे। वे चाहते थे कि सैन्य कार्रवाई पर रोक लगा दी जाए। उन्होंने लोगों से कहा कि वे मिंगोरा छोड़कर न जाएं, अपने घरों को वापिस लौटें।

तेईसवां भाग- शनिवार, 14 फरवरी, 2009: डरो मत

आज पेशावर और हमारे गांव से कुछ मेहमान आए। जब हम दोपहर का खाना खा रहे थे तो बाहर गोलियां चलने लगीं। मैंने ऐसी फायरिंग कभी नहीं सुनी थी। हम डर गए और यही सोचा कि तालिबान आ गए। मैं अब्बा की ओर भागी तो उन्होंने दिलासा देते हुए कहा, 'डरो मत - ये गोलियां तो शांति के नाम पर चलाई जा रही हैं।'

अब्बा ने मुझसे कहा कि उन्होंने अखबार में पढ़ा था कि सरकार और आतंकवादियों के बीच कल एक शांति समझौते पर हस्ताक्षर होंगे और ये सब उसी खुशी में हो रहा है। रात को तालिबानों ने रेडियो पर इस बाबत ऐलान किया तो फिर से गोलियां चलने की आवाज़ें आने लगीं। लोग सरकार की बजाए आतंकवादियों की बात पर अधिक विश्वास रखते हैं।

जब हमने पहली बार ऐलान को सुना तो पहले मेरी अब्बी और फिर अब्बा रोने लगे। भाइयों की आंखों में भी आंसू थे।

चौबीसवां भाग- रविवार, 15 फरवरी, 2009: स्कूल खुल रहे हैं?

आज मैं बहुत खुश हूं कि सरकार और आतंकवादियों के बीच शांति-समझौते पर हस्ताक्षर हो रहे हैं। आज हैलीकॉप्टर बहुत नीचे उड़ रहे हैं। मेरे एक भाई ने कहा कि शांति स्थापना के साथ उनकी उड़ान भी नीची हो रही है।

दोपहर को लोग मिठाइयां बांटने लगे। मेरी एक सहेली ने बधाई

देने के लिए फोन किया। उसने कहा कि शायद सब जल्दी सही हो जाएगा, क्योंकि वह बेचारी कई महीने से अपने ही घर में कैदी बनी हुई है। हम भी खुश थे कि शायद अब लड़कियों के स्कूल भी खुल जाएंगे।

पच्चीसवां भाग- मंगलवार, 17 फरवरी, 2009: अफरा-तफरी का माहौल

मैंने परीक्षा की तैयारी आरंभ कर दी है। उम्मीद तो है कि हमारे स्कूल खुल जाएंगे। आज मेरी अध्यापिका ट्यूशन पढ़ाने नहीं आई, क्योंकि वह किसी कार्यक्रम में गई है। स्वात के लोग हिंसा से तंग आ गए हैं।

कमरे में आई तो अपने दोनों भाइयों को खेलते देखा। एक के हाथ में खिलौना हैलीकॉप्टर था और दूसरे ने कागज से बनी बंदूक ले रखी थी। एक चिल्लाता, 'फायर' और दूसरा कहता 'टेक पोजीशन'। मेरे एक भाई ने अब्बा को बताया है कि वह एटम बम बनाना चाहता है।

मौलाना सूफी मुहम्मद आजकल स्वात में हैं। मीडिया भी यहां है। शहर में अफरा-तफरी मची है। रौनक लौट आई है। अल्लाह इसे बनाए रखे। आमीन!

छब्बीसवां भाग- बुधवार, 18 फरवरी, 2009: आशाओं पर पानी फिर गया

मैं आज बाजार गई थी। बहुत भीड़ थी। लोग खुश हैं। मैंने बहुत समय के बाद वाहनों की भीड़ देखी। शाम को अब्बा ने स्वात के पत्रकार मूसा खनखेल की मौत की खबर दी। अम्मी की तबीयत ठीक नहीं है। शांति स्थापित होने की सारी उम्मीदों पर पानी फिरता दिखाई दे रहा है।

सत्ताईसवां भाग- वीरवार, 19 फरवरी, 2009: युद्ध नहीं शांति

अम्मी की तबीयत ठीक नहीं, इसलिए अब्बा ने नाश्ता बनाया।

उन्होंने अब्बा से कहा कि उन्हें पत्रकार की मौत की खबर क्यों दी गई? मैंने भाइयों से भी कहा कि अब से हम घर में ऐसी बातें नहीं करेंगे। हमें स्कूल से खबर आई है कि मार्च के पहले सप्ताह में परीक्षा होगी। मैंने पढ़ाई की गति बढ़ा दी है।

(बीबीसी ऑनलाइन के सौजन्य से: जैसा कि पहले भी बताया गया है कि यह डायरी पहले बीबीसी की वेबसाइट पर प्रकाशित हुई थी।)

निम्नलिखित पंक्तियां उसकी पीड़ा को कहीं स्पष्टता से प्रकट कर सकती हैं:

(हालांकि मैं बहुत दूर आ गई हूं, पर काश मैं उस स्थान पर फिर से जा पाती। स्वात की घाटियों का आनंद ले पाती। हिंदुकुश के मैदानों में घूम पाती। काश! यह जीवन वहीं समाप्त हो, जहां से आरंभ हुआ था। काश! मैं घाटी के फूलों को सराह पाती। मुझे उसी स्थान पर रहने दो, जहां से मैं संबंध रखती हूं। मुझे मिंगोरा जाने दो, जिसके लिए मैं इतना तरसती हूं।)

अपने परिवार के साथ आनंदित व प्रसन्न मुद्रा में मलाला।

मलाला अपने छोटे भाई के साथ।

उसकी आंखों की चमक सब कुछ बयां करती है।

संयुक्त राष्ट्र के सम्मेलन में मलाला।

स्वात स्थित अपने स्कूल में मलाला।

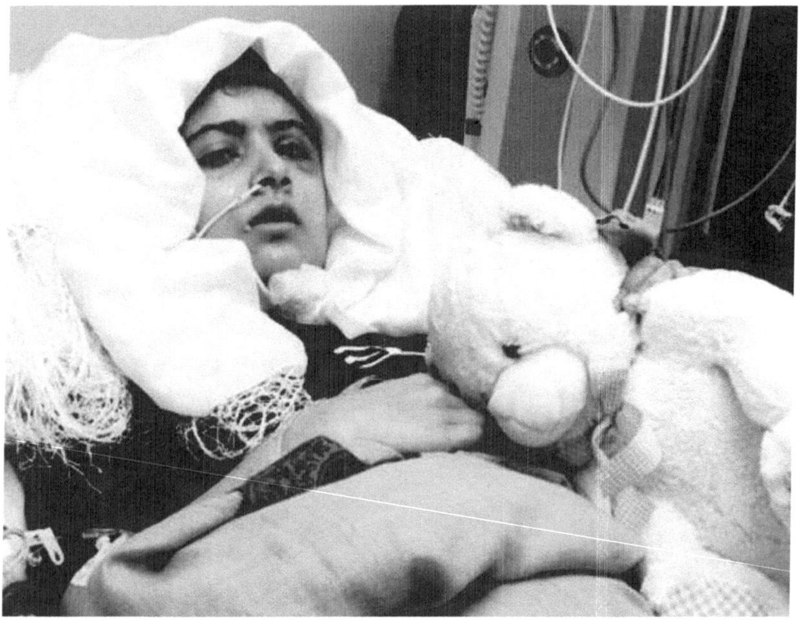

हमले के बाद अस्पताल में भर्ती मलाला।

एक वक्ता की भूमिका में।

अस्पताल में स्वास्थ्य लाभ लेती मलाला।

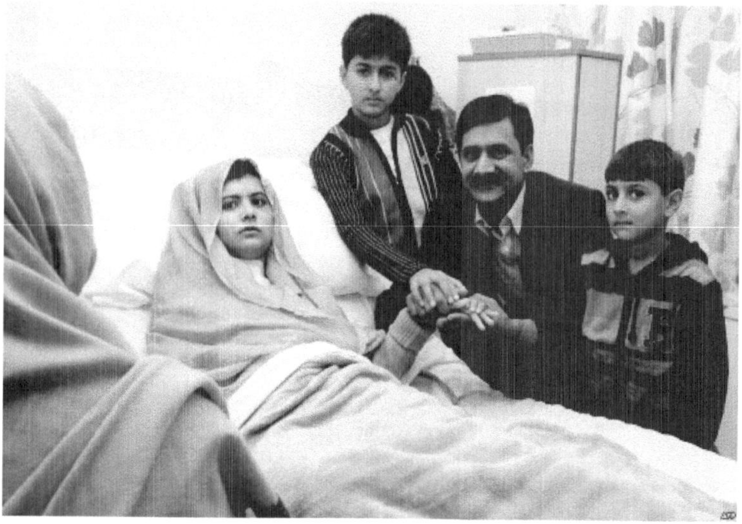

मलाला अपने परिजनों के साथ अस्पताल में।

अपनी मानद डिग्री के साथ मलाला।

विश्व-विख्यात टाइम मैगज़ीन के मुख्यपृष्ठ पर मलाला।

सखारोव अवार्ड प्राप्त करती हुई मलाला।

एक सुन्दर पुत्री और बहादुर लड़की।

पिता ज़ियाउद्दीन यूसुफ़ज़ई के साथ मलाला।

एक पिकनिक के दौरान मलाला का परिवार।

किड्स राइटस् एक्टिविस्ट अवार्ड प्राप्त करने की खुशी।

3
हमारे नाम की गोलियां

कल्पना करें कि एक किशोरी को तालिबानों द्वारा केवल इसलिए गोलियां मार दी जाती है कि वह शिक्षा पाने का अधिकार चाहती थी या वे किसी तरह के भय में थे। जो लड़की अभी एक किशोरी थी और अपने फैसले तक स्वयं लेने के हालात में नहीं थी, भला उसे मारने के पीछे तालिबानों की क्या मंशा हो सकती थी? कभी पूरी दुनिया के शिक्षाविदों के लिए बड़े खतरे की तरह सामने आने वाला विशाल आतंकवादी दल एक लड़की के आदर्शवाद से भयभीत क्यों था? उस लड़की पर गोलियां क्यों बरसाई गईं, आने वाले पृष्ठों में आपको इसकी पूरी जानकारी मिल जाएगी।

यद्यपि एक मनुष्य होने के नाते, अपनी आंखों के सामने किसी के बहते लहू को देखना, मेरे लिए किसी बुरे सपने से कम नहीं होगा, पर जीवन में कुछ लोग ऐसे बदकिस्मत भी होते हैं, जिन्हें एक किशोरी को अपनी आंखों के आगे गोलियों की बौछार सहते देखना पड़ता है। परंतु यदि इस घटना के सकारात्मक पहलू को देखें तो जिस लड़की को गोली लगी, उसके प्राणों की रक्षा हुई और वह तालिबानों के ख़िलाफ़ अपने देश को एकजुट करने में सफल रही। आतंकवादी दल उस

लड़की से भयभीत हो उठा, जो एक किशोरी थी और यह चाहती थी कि अन्य लड़कियां भी उसकी तरह शिक्षा ग्रहण करें, अपने जीवन के सभी निर्णय ले सकें और अपने तरीके से जी सकें।

मलाला को जिस दिन गोली लगी, उसके लिए वह दिन किसी बुरे सपने से कम नहीं था, जो साकार हो गया था। इस घटना से पहले भी मलाला को सभी जानते थे कि कोई लड़की है, जिसे उसका परिवार शिक्षा का अधिकार पाने के लिए समर्थन दे रहा है। मिंगोरा को तहस-नहस करने में तालिबानों ने कोई कसर नहीं छोड़ी थी। जैसा कि हम भारत में कहते हैं, 'स्वात को किसी की बुरी नज़र लगी थी'। उससे पूर्व स्वात के लोग बहुत ही सद्भाव और स्नेह से रह रहे थे। आतंकवादी तालिबानों के आते ही नीच व कट्टरपंथी मानसिकता ने सिर उठाया और घाटी में कुछ नहीं बचा। उन्होंने अमन और शांति के परखच्चे उड़ा दिए और वहां आतकंवाद को पनपने में सहायता प्रदान की। ये लोग किसी की नहीं सुनते थे, औरतें और लड़कियों को गुलाम मानते थे और उन्होंने उन्हें उनके ही इलाके में एकांतवासी बना दिया था। वे चाहते थे कि औरतें घरों में नौकरानियों की तरह काम करें और घर की चारदीवारी की कैद में ही पूरा जीवन बिता दें। वे हर छोटी-छोटी बात पर फतवा जारी कर देते और लोगों को उनके मूलभूत अधिकारों से भी वंचित रखते थे। वे चाहते थे कि लोग अच्छे या बुरे के बारे में कोई भी सवाल किए बिना, उनके हर आदेश का पालन करें।

वे लोगों के साथ रहना नहीं चाहते थे, वे केवल इतना चाहते थे कि लोगों को अपने तरीके से पालतू बना लें ताकि उन पर अपना हुक्म चला सकें। वे नहीं चाहते थे कि वह समुदाय तरक्की करे, वे तो अल्लाह के ऐसे बंदे बनना चाहते थे, जिनकी हर बात को सुना जाए और उसका पालन किया जाए। वे स्वातवासियों के दिलो-दिमाग पर राज करना चाहते थे और जब वे ऐसा नहीं कर सके तो उनके पास गोलियों के सिवा कोई उपाय नहीं था। आदर्श रूप से तो उन्हें गोलियां छोड़कर हाथों में कैमरा थाम लेना चाहिए था और स्वात की प्राकृतिक सुंदरता की शूटिंग करनी चाहिए थी।

पमगर इसकी बजाए उन्होंने तो घाटी में मौत जैसे सन्नाटे को फैला दिया। वहां लोगों की आहों व कराहों के सिवा कुछ सुनाई नहीं देता था। ऐसा लगता था मानो सब कुछ ही तालिबानों के भय के साये में जी रहा हो। स्वात 2007 से 2009 तक उनके अधीन रहा। उनकी कट्टरपंथी व संकीर्ण सोच ने उन्हें कभी यह कबूल नहीं करने दिया कि लड़कियों को भी शिक्षा पाने का अधिकार दिया जाना चाहिए। उनके ख़िलाफ़ जाने वालों को तुरंत मौत के घाट उतार दिया जाता। वे लोगों से उनके सभी बुनियादी हक छीन लेना चाहते थे। वे चाहते थे कि उन्हें उनके हिसाब से हर नियम को जोड़ने-तोड़ने का अवसर दिया जाए। वे अच्छी तरह जानते थे कि लोग जागृत हो गए तो वे घाटी को अपने वश में नहीं रख सकेंगे। उन्होंने टी.वी. देखने, संगीत सुनने, मैदान में खेलने, औरतों द्वारा बाजार में आने तथा लड़कियों द्वारा शिक्षा ग्रहण करने पर पाबंदी लगा दी थी।

तीन गोलियां

मलाला को याद है, वह 9 अक्टूबर, 2012 का दिन था। यह वह समय था, जब स्कूल में उनकी छमाही परीक्षा हुआ करती थी। मलाला को कोई भय नहीं था, क्योंकि उसने पूरी तैयारी कर रखी थी। वह हमेशा की तरह रिक्शे पर स्कूल गई। रिक्शा उसे गांव की कीचड़ भरी गलियों से होते हुए, स्कूल तक ले गया। मलाला अपने अब्बा के ही स्कूल में पढ़ती थी। मलाला अकसर स्कूल के बोर्ड पर उसके नाम को पढ़कर गर्व से भर उठती, क्योंकि उसकी स्थापना उसके अब्बा ने की थी।

वह लड़कियों का स्कूल था। वहां उसे उर्दू, अंग्रेजी़, व्याकरण, रसायनिक सूत्र व चित्र आदि पढ़ाए जाते। उसके पिता ही अकसर उसे स्कूल के लिए उठाते। वे आकर कहते, 'उठो जानीमून' मलाला की सुबह अब्बा के इन शब्दों के साथ ही होती। उसकी आयु के दूसरे बच्चों की तरह, वह भी उठाए जाने पर थोड़ा और सोने की मांग करती। फिर उसकी अम्मी आतीं और वह उन्हें देखते ही झट से उठ

जाती, क्योंकि उसे पता था कि अम्मी तभी उठाने आती थीं, जब उसे स्कूल जाने के लिए देरी हो रही होती थी। अगर वह तब भी न उठती तो स्कूल जाने में देर हो सकती थी। अम्मी उसे प्यार से 'पीशो' कहती थी। वह अपनी अम्मी को प्यार से 'भाभी' कहती। दरअसल जब वह छोटी थी और अम्मी 'खुशहाल स्कूल' में आती तो सब उन्हें भाभी कहते। इसी तरह मलाला को भी भाभी कहने की आदत पड़ गई।

उठने के बाद मलाला अपने कमरे पर नज़र मारती, जिसमें लकड़ी के पलंग और अलमारी के सिवा कुछ नहीं था। उसने वह अलमारी अपने बचाए हुए पैसों से ली थी, जो उसने किसी पुरस्कार के रूप में पाए थे। कमरे में ताक पर उसके द्वारा जीती गई कुछ ट्रॉफियां व मैडल भी रखे गए थे। वह केवल एक ही बार अपनी कक्षा में दूसरे स्थान पर आई थी अन्यथा मलाला को हमेशा प्रथम स्थान ही मिलता था। जब सभी नाश्ता करते तो उसके अब्बा अटल के साथ खेलते हुए उसे चिढ़ाते कि जब मलाला देश की प्रधानमंत्री बनेगी तो उसे उसका सहायक बनना होगा।

मलाला रिक्शे से स्कूल जाती थी, पर उसकी वापसी बस से होती। उन दिनों परीक्षाएं थीं, इसलिए स्कूल आठ की बजाए नौ बजे से लगाया जा रहा था। मलाला को भी जल्दी उठना पसंद नहीं था।

वह सारा किस्सा तब आरंभ हुआ, जब वे घर पर थे और उन्हें एक खत मिला। वह सब इसलिए घटा, क्योंकि लड़कियां एक ही दिन पहले स्कूल के साथ पिकनिक से लौटी थीं। वे अपने स्कूल से एक बस में गई थीं। उन्होंने आधे घंटे की उस यात्रा का भरपूर आनंदद लिया। जब वे वहां पहुंची तो पूरी बस में नाच-गाने का माहौल था। उन्होंने व्हाइट पैलेस होटल देखा, फिर वे ग्रीन फॉरेस्ट गई और वहां तस्वीरें भी खींचीं। फिर वे नदी पर गई और चुहलबाज़ी करते हुए, एक-दूसरे पर पानी उछालने का खेल खेलने लगीं। पानी इतना साफ था कि उसमें अपना चेहरा तक देखा जा सकता था। आसपास का दृश्य बहुत ही मनमोहक था। मलाला और उसकी सहेलियां पिकनिक का भरपूर आनंद उठा रही थीं। उसने अपनी सहेलियों से कहा कि वे

एक–दूसरे पर पानी न उछालें, इससे उनके पहने हुए कपड़े भीग सकते थे। फिर वह उस लड़के के पास गई, जो उनके लिए दोपहर का खाना पकाता था। उसने देखा कि वह उनके लिए पकाई जा रही दाल में बेहिसाब पानी डाल रहा था। उसने व उसकी सहेलियों ने उसे टोकना चाहा तो उसने कहा कि वह अगर दाल में पानी नहीं मिलाएगा तो सबके लिए खाना पूरा नहीं होगा। खाना बिल्कुल बेस्वाद था, जिससे लड़कियों ने कहा कि अगर वे चाहें तो उन्हें दाल में आकाश की परछाई भी दिख सकती थी क्योंकि उसमें बहुत पानी था। अगला दिन उनके लिए एक बुरी खबर लेकर आया। जब सूर्य उगा तो सारे मिंगोरा ने जान लिया कि पिकनिक के दौरान क्या हुआ था, पर वह सब बहुत ही गलत तरीके से बयां किया गया था।

पिकनिक से अगले दिन, स्कूल का एक कर्मचारी दूध व ब्रेड का पैकेट देने आया तो मलाला के अब्बा ने दरवाजा खोला। औरतों को किसी के लिए भी घर का दरवाजा खोलने आने की मनाही थी। उसने सामान देने के साथ ही मलाला के अब्बा के हाथ में एक फोटाकॉपी किया गया कागज़ थमा दिया और कहा कि बाजार में दुकानदार सामान लेने वाले हर व्यक्ति को वह कागज़ थमा रहा था। अब्बा तो कागज़ देखकर सकते में आ गए। वह आंतकवादियों के तालिबान दल द्वारा खुशहाल स्कूल के खिलाफ़ फरमान था। उसमें लिखा था:

प्यारे मुसलमान भाइयों

यहां खुशहाल नामक एक स्कूल है, जिसे एक एनजीओ चलाता है। यह स्कूल अनुशासनहीनता और वाहियात बातों का गढ़ है। कुरान में लिखा है कि अगर तुम अपने आसपास कोई गलत या बुरी बात होते हुए देखो तो तुम्हें उसी समय, उसे अपने हाथों से नष्ट कर देना चाहिए। अगर तुम ऐसा नहीं कर सकते तो किसी ऐसे व्यक्ति को कहना चाहिए जो यह काम कर सके। हमें स्कूल या उसके प्रिंसिपल से कोई निजी रंजिश नहीं है। हम केवल लोगों को यह बताना चाहते हैं कि इस्लाम हमें क्या सिखाता है। इस स्कूल की लड़कियां वाहियात

हरकतें करती हैं और अश्लीलता का प्रदर्शन करती हैं, जिसे स्कूल के अधिकारियों द्वारा रोका जाना चाहिए था। अगर आप लोग यह सब नहीं रोक सकते तो आप सबको अल्लाह के सामने जवाब देना होगा। जाकर व्हाइट होटल के प्रबंधक से पूछो कि जब ये लड़कियां वहां पिकनिक पर गई तो वहां कैसे पेश आई।

उस पत्र पर किसी के हस्ताक्षर नहीं थे। मलाला तो पढ़कर स्तब्ध रह गई। उसके अब्बा उसे यह कहकर दिलासा देना चाह रहे थे कि कोई भी उस मैनेजर के पास पूछने नहीं जाने वाला कि लड़कियों ने कौन-सी बेजा हरकत की थी। मलाला की अम्मी ने भी उसकी और उसकी सहेलियों की हिमायत करते हुए कहा कि वहां ऐसा कुछ नहीं हुआ था। वे भी तो उनके साथ ही थीं। अब्बा ने मलाला के रिश्ते के भाई को यह जानने भेजा कि यह बेहूदी हरकत किसने की थी? मलाला के भाई ने आकर बताया कि वह पत्र मिंगोरा के लगभग हर घर में पहुंच चुका था। दुकानदारों को कड़ी हिदायत दी गई थी कि वे उसे घर-घर तक पहुंचा दें। कुछ दुकानदारों ने कागज़ों को कूड़ेदान के हवाले कर दिया था, पर कुछ डर के मारे ऐसा नहीं कर सके और अपने ग्राहकों में बांट दिया। कई मस्जिदों की दीवारों पर भी वह पोस्टर चिपकाया गया था।

अगले दिन सभी लड़कियां भयभीत थीं। वे कह रही थीं कि आतंकवादियों ने स्कूल पर बहुत भद्दा इल्ज़ाम लगाया है, जिससे स्कूल की साख पर असर होगा। उनके घरवाले क्या कहेंगे? मलाला के अब्बा ने एक सभा में सभी लड़कियों से कहा-

'तुम सब डर क्यों रही हो और डरने की बात भी क्या है? क्या तुमने कुछ ऐसा किया है जिसकी इजाजत इस्लाम या शरीआ से नहीं मिलती? नहीं, तुम तो केवल पिकनिक का आनंद ले रही थीं। पानी में खेलकर अपनी खुशी का इजहार कर रही थीं। तुमने जब कुछ गलत नहीं किया तो तुम भयभीत क्यों हो? यह सब मौलाना फज़लउल्लाह के समर्थकों का किया-धरा है। वे जो चाहते हैं, उन्हें करने दो। तुम्हें भी वह सब करने का हक है, जो लड़के करते हैं, तुम्हें भी जीवन में

आनंद पाने का हक है। तुमने कुछ भी ऐसा नहीं किया, जिसे अश्लील या वाहियात कहा जा सके।'

मलाला के अब्बा भले ही किसी शेर की तरह गरज रहे थे, पर वह मन ही मन जानती थी कि वे सबके लिए चिंतित थे। उनके परिवार के लिए तो ऐसी धमकियां आम बात थी, पर इस बार पूरे स्कूल को चपेट में ले लिया गया था। हर रात जब भी वह सोती तो डरावने ख़्वाब आया करते। जब भी घर से निकलती तो उसे लगता कि कोई उसका पीछा कर रहा था। उसे लगता था कि वह व्यक्ति तालिबानी ही होगा। उसे लगता था कि वे उसे उसी तरह गोली से उड़ा देंगे, जैसे उन्होंने अफगानिस्तान में किया था। कभी-कभी उसे लगता कि पीछे से कोई आवाज़ दे रहा है, इसलिए वह घर से बाहर निकलने के बाद बहुत सावधान रहती थी। वह अकसर रात को उठकर यह जांचती कि सारे दरवाजे बंद थे या नहीं। यह मौत का डर, था जो उसे रातों को चैन से सोने भी नहीं देता था।

वह सबके गहरी नींद सोने के बाद उठती और देखती कि सारे दरवाजों पर अंदर से चिटकनी थी या नहीं और अब्बा उसे अकसर यही कहकर दिलासा देते कि अगर तालिबानी उसे मारना चाहते तो कब का मार चुके होते। उसे लगता कि कोई सीढ़ियों के रास्ते उसके घर में घुसेगा और उसे जान से मार देगा। हालांकि वह जानती थी कि वे लोग अगर चाहें तो कभी भी उसके घर को बम से उड़ा सकते थे।

फिर वह अल्लाह के आगे दुआ करती। रात को दुआ करना बहुत अच्छी बात होती है। तालिबानी सोचते थे कि मलाला के परिवार वाले सच्चे मुसलमान नहीं थे, जबकि ये लोग सही मायनों में मुसलमान थे। ये लोग अल्लाह पर उनसे कहीं अधिक भरोसा करते थे। वे जानते थे कि अल्लाह बहुत रहमदिल है और हमेशा उनकी देखरेख करता है। कुरान-ए-पाक में एक आयत दी गई है, जिसे डर लगने पर दोहराने से डर भाग जाता है। मलाला रात को सोने से पहले कई बार वह आयत पढ़ती। वह अल्लाह से अपने घर, परिवार, परिवार के सदस्यों, मुहल्ले व गली वालों, पूरे स्वात और दुनिया के सारे मुसलमानों की

रक्षा करने की दुआ मांगती। अंत में वह केवल मुसलमानों की ही नहीं, बल्कि सारी दुनिया की सलामती के लिए दुआ मांगती।

जिस दिन उसे गोली लगी, वह एक आम दिन ही था, पर उस दिन में कुछ तो खास था। उस दिन उसकी पाकिस्तान स्टडी की परीक्षा थी। उसे यह जानकर बहुत हैरानी हुई थी कि बांग्लादेश कभी पाकिस्तान का ही एक हिस्सा था। वे सब लड़कियां परीक्षाएं समाप्त होने के कारण प्रसन्न थीं और बातें करते हुए बस में चढ़ीं।

वहां दो बार वह बस आती थी और स्कूल से जाने वाली लड़कियों की प्रतीक्षा करती। लड़कियां स्कार्फ से अपना मुंह ढांप कर बस में चढ़तीं। मलाला केवल अपना सिर ढकती थी। दरअसल वह कोई बस नहीं, बल्कि एक ट्रक था, जिसमें आमने-सामने और बीच में, कुल मिलाकर तीन बेंच लगे थे। उसमें आराम से बीस लड़कियों और तीन अध्यापिकाओं के लिए जगह बन जाती। उस दिन सभी बस में चढ़े और यात्रा आरंभ हुई। बस ने आर्मी चैक प्वाईंट पार किया और खेल के मैदान को पार करते हुए आगे चल दी। करीबन 200 मीटर आगे जाकर, एक वैन बस के आगे आ गई। बस को अचानक ब्रेक लगाकर रोकना पड़ा। हालांकि लड़कियों को कुछ नहीं दिखा, बस उन्होंने देखा कि एक दाढ़ी वाला आदमी, बस के ड्राइवर उस्मान भाई से पूछ रहा था कि क्या वह खुशहाल स्कूल की बस थी। उसने हामी तो भरी, पर साथ ही यह भी सोचा कि भला इसमें पूछने की क्या बात थी। स्कूल का नाम तो बस पर भी लिखा था। दाढ़ी वाले ने कहा कि वह स्कूल के छात्रों के बारे में कुछ पूछना चाहता था। ड्राइवर ने कहा कि इस काम के लिए तो उसे स्कूल के अधिकारियों से संपर्क करना चाहिए। ड्राइवर के मना करते-करते, वह पीछे से बस में चढ़ गया और बड़े ही कठोर सुर में बोला, 'मलाला कौन है?' सारी लड़कियों के हाथों में प्रश्नपत्र थे, उनमें से किसी ने भी उसकी बात का जवाब नहीं दिया। पर अचानक ही लड़कियों की नज़रें एक साथ मलाला की ओर चली गई। मलाला की सहेलियां मोनीबा और शाज़िया भी उसके साथ बैठी थीं। जब कोई नहीं बोला तो मलाला ने ही कहा, 'मैं हूं मलाला, मुझे

बताओ कि हुआ क्या है?' उस आदमी ने जवाब सुनते ही अपनी जेब से भरी बंदूक निकाल ली। एक ही सेकेंड में उसने ट्रिगर खींचा और मलाला की दिशा में तीन गोलियां दाग दीं। पहली गोली बायीं आंख की ओर आई और मस्तिष्क के बायें हिस्से को छीलते हुए, बायें कंधे के भीतर चली गई। वह मोनीबा की गोद में जा गिरी और उसके कान से बलबल खून बह निकला। दूसरी गोली उसकी सहेली शाज़िय को और तीसरी उसकी सहेली कायनात रियाज़ को जा लगी। मलाला अब तक बेहोश हो चुकी थी। उसकी सहेलियों ने उसे बाद में बताया कि उस पर गोलियां चलाते समय, उस आतंकवादी के हाथ कांप रहे थे। जब तक वे अस्पताल पहुंचे तो मलाला के लंबे बाल और मोनीबा की गोद खून से भर गई थी।

मलाला को गोली क्यों मारी गई?

और जब मलाला वास्तव में मलाला बनी। जब एक पत्रकार ने मलाला के अब्बा से पूछा कि क्या कोई बच्चा या अध्यापक अपनी मर्जी से उस दिन की घटना का ब्यौरा देना चाहेगा, कोई भी आगे नहीं आया - उस समय मलाला स्वयं आगे आई। 'मैंने सोचा कि कितना सही मौका हाथ आया है।' वह अब तक गुल मकई के छद्म नाम से तालिबानों की ज्यादतियां बयां करती आई थी। हालांकि अनेक लोगों ने उसे ऐसा करने को मना किया और कुछ ने मलाला के अब्बा को कोसा भी कि उन्होंने अपनी बेटी को ऐसी मुसीबतों में क्यों धकेला, पर मलाला के चेहरे पर शिकन तक न थी।

वर्ष 2008 के अंत में बीबीसी उर्दू वेबसाइट के आमेर अहमद खान और उनकी सहकर्मियों ने आपस में तय किया कि स्वात में तालिबानों के बढ़ते प्रभाव को लोगों तक पहुंचाने के लिए किसी स्कूली लड़की की मदद ली जाए, जो छद्म नाम से सारी हक़ीक़त बयां करे। उनके पेशावर संवाददाता अब्दुल काकर, जियाउद्दीन युसूफ़ज़ई के संपर्क में थे। उन्होंने उनसे सहायता मांगी, पर कोई भी छात्र आगे नहीं आया जो यह काम करना चाहता हो। अंत में युसूफ़ज़ई ने अपनी

ही बेटी का नाम सुझा दिया, जो उस समय ग्यारह साल की थी। उस समय मौलाना फज़लउल्लाह के नेतृत्व में तालिबान आंतकवादियों ने टीवी, संगीत, लड़कियों की शिक्षा तथा उनके बाजार जाने पर पाबंदी लगा दी थी। अकसर चौराहों पर पुलिस वालों के कटे शव टंगे मिलते। सबसे पहले आयशा नामक लड़की ने इस डायरी को लिखने की हामी दे दी थी पर फिर उसके घरवालों ने तालिबानों के भय से मना करवा दिया। मलाला उस समय सातवीं कक्षा में थी। बीबीसी के उर्दू संपादकों ने सर्वसम्मति से हामी दे दी।

उसके पोस्ट में लिखा था : 'कल रात मुझे सेना के हैलीकॉप्टरों और तालिबानों का बहुत ही डरावना सपना आया। जब से स्वात में सेना आई है, तब से ऐसे ही डरावने सपने आने लगे हैं। अम्मी ने नाश्ता दिया और मैं स्कूल जाने के लिए तैयार हो गई। मुझे स्कूल जाने से डर लग रहा है, क्योंकि तालिबानों ने फरमान जारी कर दिया है कि कोई भी लड़की स्कूल पढ़ने नहीं जा सकती।'

'आज कक्षा में 27 में से केवल 11 ही बच्चे आए थे। मेरी तीन सहेलियां पेशावर, लाहौर और रावलपिंडी चली गई हैं।' (मलाला युसूफ़ज़ई, 3 जनवरी 2009, बीबीसी ब्लॉग एंट्री)

बीबीसी उर्दू के भूतपूर्व संपादक मिर्जा वहीद ने कहा, 'हम स्वात में हो रही हिंसा और राजनीति को तो विस्तार से कवर कर चुके थे, पर हम नहीं जानते थे कि आम जनता तालिबानों के भय के साये में कैसे जी रही थी।' बीबीसी वाले मलाला की सुरक्षा के लिए चिंतित थे, इसलिए उन्होंने उसे छद्म नाम से लिखने को कहा। उसका ब्लॉग गुल मकई के नाम से छपने लगा।

3 जनवरी, 2009 को मलाला की डायरी का पहला भाग प्रकाशित हुआ। वह हाथ से लिखे पन्नों को रिपोर्टर को देती और वह उन्हें स्कैन कर, ई-मेल कर देता। डायरी में रोज़मर्रा की हर छोटी-बड़ी बात का उल्लेख बहुत ही ईमानदारी से किया गया था।

मिंगोरा में तालिबानों ने फरमान जारी कर दिया था कि 15 जनवरी, 2009 के बाद कोई भी लड़की पढ़ने के लिए स्कूल नहीं जा सकती।

उनका दल सौ से अधिक स्कूलों को धराशायी भी कर चुका था। जिस दिन स्कूलों पर मनाही लगनी थी, उससे एक रात पहले, फिजां में गोलीबारी का शोर था, जिसके कारण मलाला रात को कई बार उठी। अगले दिन उसने स्थानीय समाचार पत्र में छपे, अपनी डायरी के अंश पढ़े।

स्कूल पर प्रतिबंध

स्कूलों पर प्रतिबंध लगाने के बाद भी तालिबान उस इलाके के स्कूलों को नष्ट करते रहे। मलाला ने पांच दिन बाद डायरी में लिखा कि वह अब भी अपनी परीक्षा के लिए पढ़ रही थी। 'हमारी परीक्षाएं अवकाश के बाद होने वाली हैं, पर यह तो तभी संभव होगा, जब तालिबान स्कूल खुलने देंगे। हमें परीक्षा के लिए कुछ अध्याय तैयार करने को कहा गया है, पर पढ़ाई में मन ही नहीं लग रहा।'

'ऐसा लगता है कि दर्जनों स्कूल तबाह होने और सैकड़ों के बंद होने के बाद ही सेना को इस बारे में सुध आई है। अगर उन्होंने सही तरह से सारी कार्रवाई की होती तो ये नौबत ही न आती।'

(मलाला युसूफ़ज़ई, 24 जनवरी, 2009, बीबीसी ब्लॉग एंट्री)

फरवरी 2009, लड़कियों के स्कूल अब भी बंद हैं। लड़कों के निजी स्कूल भी 9 फरवरी तक बंद कर दिए गए हैं और उन स्कूलों के बाहर इस बाबत नोटिस भी लगा है। 7 फरवरी को जब मलाला अपने भाई के साथ सड़कों पद निकली तो चारों ओर सन्नाटा छाया था और सड़कें सुनसान थीं। वह सुपरबाजार भी बंद था, जो अवसर देर रात तक खुला रहता था। उनके घर में चोरी हुई थी और चोर टी.वी. उठा ले गए थे।

लड़कों के स्कूल खुलने के बाद तालिबानों ने लड़कियों की प्राथमिक शिक्षा पर लगी पाबंदी हटा दी। ऐसा केवल उन्हीं स्कूलों में

हुआ, जहां सह-शिक्षा थी। मलाला का स्कूल केवल लड़कियों के लिए था, इसलिए वह बंद रहा।

15 फरवरी को मिंगोरा की सड़कों पर जो गोलीबारी सुनाई दी, उसके लिए अब्बा ने दिलासा दिया कि वह शोर शांति स्थापना की खुशी में हो रहा था। उसके अब्बा ने समाचार पत्र में पढ़ा था कि सरकार और आतंकवादियों के बीच कोई शांति समझौता होने जा रहा था। बाद में, उसी रात तालिबानों ने भी रेडियो पर इसी बारे में ऐलान किया। फिर से गोलियों का शोर सुनाई दिया। मौलाना ने रेडियो पर कहा कि लड़कियों की शिक्षा पर लगी पाबंदी को हटाया जा रहा था। वे अपनी परीक्षाएं दे सकती थीं, पर उन्हें बुर्का पहनकर जाना होगा।

लड़कियों के स्कूल खोल दिए गए

25 फरवरी को मलाला ने अपनी डायरी में लिखा कि उसने अपनी सहेलियों के साथ बहुत मजे किए। उस दिन 27 में से 19 बच्चे आए थे, पर तालिबान तक भी उस इलाके में सक्रिय थे। गोलीबारी चलती रही, निराश्रितों के लिए भेजा गया सामान लूटा जाता रहा। केवल दो ही दिन बाद, सेना और तालिबानों के बीच फिर से झड़प हुई, उस समय मोर्टार बमों के धमाके सुने जा सकते थे। 'लोग चिंतित हैं कि यह शांति लंबे समय तक नहीं टिक सकेगी। कुछ लोग तो यह भी कह रहे हैं कि यह शांति समझौता केवल कुछ दिन का ही तमाशा है।'

9 मार्च को मलाला ने लिखा कि विज्ञान की परीक्षा अच्छी रही और आजकल तालिबान वाहनों की वैसी तलाशी नहीं ले रहे, जैसे पहले लिया करते थे। उसका ब्लॉग 12 मार्च, 2009 को समाप्त हुआ।

इस बात से उत्साहित हो कर मलाला पूरे पाकिस्तान में लड़कियों की पढ़ाई की हिमायत करते हुए, भाषण देने लगी। उसने देश में राष्ट्रीय नोबेल शांति पुरस्कार पाया और प्रधानमंत्री से भेंट की। उसने उन्हें सभी बच्चों की मांगों को शामिल करते हुए एक मांग सूची दी, जिसमें स्कूलों का पुनःनिर्माण, लड़कियों के लिए एक कॉलेज आदि मुद्‌दे शामिल थे, पर इसके साथ ही उसने अपने-आप से कहा, 'मैं

किसी प्रधानमंत्री की प्रतीक्षा नहीं करूंगी। जब मैं नेता बन जाऊंगी तो मैं स्वयं ये काम कर लूंगी।'

इस तरह मलाला एक दोहरी ज़िंदगी जी रही थी। एक ओर तो वह एक आम घरेलू लड़की की तरह सबके बीच रह रही थी और दूसरी ओर, मौका पाते ही आतंक के ख़िलाफ़ गरजने वाली लड़की बन जाती। उसे एहसास होने लगा था कि वह आग से खेल रही थी और उसका काम खतरनाक हो सकता था। वह अकसर सोचती कि कभी कोई तालिबान उसे मारने के लिए आया तो वह क्या करेगी, फिर वह अपने-आप से कहती कि वह पूरी बहादुरी दिखाएगी। उसे किसी से डरने की आवश्यकता नहीं है। वह कोई गुनाह नहीं कर रही। वह केवल इतना चाहती है कि हर लड़की को शिक्षा का अधिकार मिले। वह तो तालिबानों से भी कहना चाहती थी कि उसे उनके बच्चों की शिक्षा के लिए भी चिंता है। मलाला की अम्मी ने भी तय किया कि वे पढ़ना-लिखना सीखेंगी और अपने पर लगा निरक्षरता का अभिशाप हटा देंगी।

बीबीसी की डायरी समाप्त होने के बाद न्यूयॉर्क टाइम्स के रिपोर्टर एडम बी. एलिक ने मलाला और उसके अब्बा से कहा कि वे उन पर एक डॉक्यूमेंटरी फिल्म बनाना चाहते हैं। मई में पाकिस्तानी सेना स्वात घाटी में आ गई ताकि स्वात के दूसरे युद्ध के दौरान प्रांत को नियंत्रित कर सके। मिंगोरा को खाली करवाया गया और युसूफ़ज़ई के परिवार को भी वहां से हटना पड़ा। उसके पिता पेशावर गए और मलाला को उसके संबंधियों के यहां गांव भेज दिया गया। 'मैं यहां उकता गई हूं, क्योंकि मेरे पास पढ़ने के लिए किताबें नहीं हैं।' युसूफज़ई ने उस फिल्म की शूटिंग के दौरान कहा। उसी माह जब मि. युसुफ़ज़ई ने एक प्रेस कांफ्रेंस में तालिबानों की निंदा की तो उन्हें रेडियो पर तालिबान कमांडर द्वारा जान से मारने की धमकी दी गई। मलाला अपने पिता के इन साहसिक कार्यों से बहुत प्रभावित थी। उन्हीं दिनों उसने तय किया कि वह डॉक्टर बनने का सपना पूरा करने की बजाए एक नेता बनेगी ताकि अपनी घाटी की खोई खुशियां लौटा सके।

कक्षा समाप्त

जुलाई के आरंभ तक शरणार्थी कैंप बुरी तरह से भर गए थे और प्रधानमंत्री ने चिर प्रतीक्षित घोषणा में कहा कि अब वे लोग स्वात घाटी में लौट सकते थे। पाकिस्तानी सेना ने तालिबानों को नगरों से बाहर सीमावर्ती इलाकों में धकेल दिया था। मलाला का परिवार आपस में मिला और वे 24 जुलाई, 2009 को घर लौट आए। इसी दौरान मलाला और उसके अब्बा ने अफगानिस्तान और पाकिस्तान के लिए बराक ओबामा के भेजे गए विशेष राजदूत रिचर्ड हॉलब्रूक से भेंट की।

मलाला ने उनसे आग्रह किया कि वे इन हालात में हस्तक्षेप करें, 'आदरणीय राजदूत महोदय! यदि आप हमारी शिक्षा के संबंध में कोई सहायता कर सकते हैं तो कृपया हमारी सहायता करें।' जब उनका परिवार घर आया तो उन्होंने पाया कि अल्लाह की मेहर से उनके स्कूल को अधिक नुकसान नहीं हुआ था। वह तालिबानों के कहर से बच गया था।

मलाला का लड़कियों की शिक्षा के लिए किया गया संघर्ष एक कठोर वास्तविकता को उजागर करता है। पूरी दुनिया में 61 मिलियन बच्चे ऐसे हैं, जो स्कूल नहीं जा पाते, जिनमें से अधिकतर संख्या में लड़कियां ही हैं। उन्हें लड़कों की तरह प्राथमिक स्कूलों में नहीं भेजा जाता। छोटी आयु में विवाह, हिंसा, भेदभाव की नीति आदि के कारण वे स्कूलों तक नहीं पहुंच पातीं। शिक्षा के मामले में यह भेदभाव बचपन से आरंभ होता है जो निरंतर जारी रहता है। महिलाएं दुनिया के 775 मिलियन निरक्षर लोगों में से दो तिहाई का प्रतिनिधित्व करती हैं। उच्च शिक्षा में नाम कमाने के बावजूद केवल 29 प्रतिशत महिला शोधकर्ता ही उपलब्ध हैं। मलाला ने अपने एक ब्लॉग में स्कूलों को तालिबानों द्वारा नष्ट करने पर अपना दुःख प्रकट करते हुए कहा:

'पांच और स्कूल तबाह कर दिए गए; उनमें से एक मेरे घर के पास था। मुझे तो हैरानी इस बात की है कि जब ये स्कूल बंद थे तो

इन्हें तबाह करने की क्या आवश्यकता थी। ये तो उनके कहे अनुसार बंद कर दिए गए थे।'

वह लड़की जानती थी कि अगर कोई अपने अधिकारों के लिए खड़ा हुआ या आवाज़ उठाई तो तालिबान सहन नहीं कर सकेंगे और भयभीत हो जाएंगे। ठीक ऐसा ही हुआ। तालिबान को एक ऐसी लड़की के बारे में पता चला, जो उनके ख़िलाफ़ बोलती थी और उसका परिवार भी इस बारे में जानता था। तालिबान जानते थे कि वह बेटी मिंगोरा की आवाज़ बनने जा रही थी और लोगों को उनके अधिकारों के बारे में सचेत कर रही थी। तो उन्होंने तय कर लिया कि वे इस किस्से को वहीं समाप्त कर देंगे और यहीं से यह कहानी आरंभ होती है।

4

ज़िंदगी और मौत के बीच झूलते हुए

मलाला के पिता ने प्रेस को बताया कि जैसे ही बस चालक उस्मान को मलाला और दो लड़कियों के गोली लगने की बात पता चली, तो उसने उसी समय तय कर लिया कि वह गोली चलाने वाले का पीछा करने की बजाए बच्चियों को इलाज के लिए ले जाएगा। उस समय तक वह गोली चलाने वाला वहां से गायब भी हो चुका था। उस्मान के इस फैसले ने मलाला की जान बचा ली, क्योंकि उसकी हालत बहुत नाजुक थी।

उस्मान ने दीवानावार चिल्लाते हुए बस को तेज़ी से दौड़ा दिया। वह जोर-जोर से चिल्लाते हुए अल्लाह से दुआ मांग रहा था कि उन तीन घायल और खून से लथपथ लड़कियों की जान बख्श दे। उस्मान बस में बैठी दूसरी लड़कियों और अध्यापिकाओं की परवाह किए बिना इतनी तेजी से बस भगा रहा था कि वे एक-दूसरे पर गिरी पड़ रही थीं।

चालक को अंधाधुंध बस भगाते देख, एक स्थानीय पुलिस वाले ने उसे रोक लिया और पूछा कि वह ऐसे बस क्यों चला रहा है? उस्मान के कुछ कहने से पहले ही बस से लड़कियां दुहाई देने लगीं,

'ओ पुलिस साहब! अल्लाह के लिए हमारा समय बरबाद मत करो। क्या आप देख नहीं सकते कि वे अब भी ज़िंदा हैं, हमें उन्हें जल्द-से-जल्द अस्पताल पहुंचाने में मदद करो। अगर किसी अपराधी को पकड़ना ही है तो जाकर उसे पकड़ो, जिसने ऐसा घिनौना काम किया है।' पुलिस वाला पीछे हट गया और बस दुगनी तेजी से सेंट्रल अस्पताल की ओर चल दी। इसी दौरान, बस में बैठी सभी लड़कियां दुआ कर रही थीं कि घायल लड़कियों की जान बच जाए। वे कुरान-ए-पाक की आयतें पढ़ रही थीं ताकि उन तीन ज़िंदगियों की सुरक्षा हो सके। वे तीनों सही-सलामत घर लौट सकें। सभी लड़कियां चाहती थीं कि उनकी मलाला ज़िंदा रहे। उस्मान ज्यों ही अस्पताल पहुंचा तो वह चिल्लाते हुए भीतर की ओर भागा। कुछ ही मिनटों में उन लड़कियों को आईसीयू वार्ड में पहुंचा दिया गया। उस समय मलाला मोनीबा की गोद में बेसुध पड़ी थी और बाक़ी सभी लड़कियां जार-जार रो रही थीं। कुछ चुपचाप मलाला की ज़िंदगी की दुआ कर रही थीं। बाक़ी दो लड़कियों को ज्यादा चोट नहीं आई थी, पर मलाला की स्थिति बहुत ख़राब थी।

हालांकि मिंगोरा एक बड़ा जिला था, पर फिर भी लोग एक-दूसरे को उनके नाम और चेहरों से जानते थे। वे लोग यह तक जानते थे कि कौन किसी गांव या मुहल्ले का है या किस घर से है। इस घटना की खबर जंगल की आग की तरह चारों ओर फैल गई। मलाला के पिता उस समय स्वात के प्रेस क्लब में थे। जहां स्वात के सभी पब्लिक स्कूलों की एक कांफ्रेंस आयोजित की गई थी, जिसमें बच्चों के भविष्य के बारे में वार्ता होने वाली थी। मलाला के पिता भी वक्ताओं में से एक थे, वे अपनी बात कहने के लिए, अपने स्थान पर खड़े ही हुए थे कि उनके फोन की घंटी बजी। उन्होंने देखा कि फोन के स्क्रीन पर खुशहाल स्कूल लिखा था। उन्होंने फोन अपने मित्र अहमद शाह को थमा दिया। उन्हें लगा कि स्कूल से कोई फोन आ रहा है, इसलिए अहमद उनके सवालों के जवाब दे देंगे। ज्यों ही वे भाषण मंच के पास पहुंचे तो अहमद शाह उनके पास दौड़ आए और चिल्लाए, 'हाय मेरे

अल्लाह! मैं आपको कैसे बता सकता हूं कि तालिबानों ने अभी हमारी स्कूल बस पर हमला करके तीन लड़कियों को गोली मार दी है, जिनमें से एक आपकी बेटी भी है।' मलाला के अब्बा के चेहरे का रंग उतर गया। वे बुरी तरह सदमा खा गये और कुछ क्षण के लिए बुत बनकर खड़े रहे। कुछ ही मिनटों में उन्होंने खुद को संभाल लिया और फिर यूं बोले मानो अपने-आप से ही कह रहे हों, 'अरे किसी लड़के ने बस में बैठी अपनी दोस्त पर धौंस जमाने के लिए हवा में फायर किया होगा।' हालांकि वे बुरी तरह से चिंतित और तनावग्रस्त दिखे।

उस समय प्रेस क्लब में बहुत से लोग उपस्थित थे। वे वहां पाकिस्तान के करीबन चार सौ निजी स्कूलों पर सेंट्रल रेगुलेटरी अथॉरिटी के नियमन का विरोध करने के लिए एकत्र हुए थे। मि. मुसुफ़ज़ई कौंसिल प्रमुख थे। हालांकि वे मलाला और बाकी लड़कियों की सलामती के लिए चिंतित थे, पर उन्हें यह भी पता था कि मीटिंग का एक जिम्मेवार सदस्य होने के नाते वे मीटिंग को बीच में नहीं छोड़ सकते थे। इसलिए उन्होंने तय किया कि वे नियोजित तरीके से अपना भाषण देंगे। हालांकि मारे तनाव के उनके पसीने छूट रहे थे, पर फिर भी वे वहां मौजूद लोगों को नीचा नहीं दिखाना चाहते थे। अपना भाषण समाप्त होते ही वे किसी भी तरह के सवाल-जवाब के लिए नहीं रुके और अपने एक मित्र रियाज़ के साथ, वहां से निकल लिए, जिसके पास एक कार थी।

जब वे अस्पताल पहुंचे तो पाया कि वहां टी.वी., मीडिया, फोटोग्राफर तथा अन्य स्थानीय लोगों की भीड़ इकट्ठा थी, जो मलाला की ओर से किसी भी तरह का समाचार पाने के लिए अस्पताल अधिकारियों की प्रतीक्षा में थे। मलाला के अब्बा को अंदेशा हो गया था कि उनकी बेटी की जान ख़तरे से खाली नहीं थी। वह नियमित रूप से लिखी जाने वाली बीबीसी डायरी के कारण लोकप्रिय हो गई थी। ज्यों-ज्यों समय बीतता गया तो उन्हें एहसास होने लगा कि कुछ बहुत ही गलत, बहुत ही बुरा घटने वाला था। वे फोटोग्राफरों की भीड़ को पार करते हुए आगे भागे और आगे जाकर देखा। मलाला एक

स्ट्रेचर पर बेसुध थी। वे अपनी प्यारी बेटी को उस दशा में देख इतने भावुक हो गए कि उसके कान में हौले से बोले, 'मेरी प्यारी जानीमून! मेरी प्यारी बच्ची! उठो, लड़ो, अपने दिल की धड़कन और सांसों पर काबू पाने की कोशिश करो। मेरी बच्ची! तुम तो बहुत ही बहादुर हो, तुम मेरी कितनी दिलेर बेटी हो। मुझे अकेला छोड़कर मत जाना।'

दर्शक यह देखकर चकित थे कि वे अपनी बेसुध बेटी से क्यों बात कर रहे थे, पर उन्होंने बाद में बताया कि उन्हें लगा कि उनकी बेटी उनके शब्द सुनकर अपनी प्रतिक्रिया प्रकट कर रही थी। कुछ लोग इस बात के गवाह भी थे कि जब वे अपनी बेटी से बात कर रहे थे तो वह मुस्कुरा रही थी। हालांकि हर मां-बाप के लिए उसका बच्चा लाडला ही होता है, पर युसूफ़ज़ई के लिए तो मानो मलाला पूरी दुनिया थी। उन्हें लगता था कि तालिबान भले ही जिसे भी मार दें, पर वे कभी उनकी प्यारी सी जानीमून का कुछ नहीं बिगाड़ सकते। उन्होंने सोचा कि तालिबान एक तीर से दो शिकार करना चाहते थे। वे मलाला और उसके पिता, दोनों को ही मिटा देना चाहते थे। भले ही उन्होंने मलाला के पिता को मारा नहीं, पर वे उनकी आवाज़ हमेशा के लिए बंद कर देना चाहते थे। वे चाहते थे कि युसूफज़ई उनके ख़िलाफ़ किए जाने वाले विरोध से बाज आएं। मलाला के अब्बा जानते थे कि उनकी बेटी के बचने की संभावना क्षीण थी, पर वे रो भी तो नहीं पा रहे थे। आसपास भारी भीड़ जमा थी। तब तक लगभग सारा पश्तून कुनबा वहां आ पहुंचा था। सभी मलाला की जान की दुआ मांग रहे थे।

डॉक्टरों ने उनके परिवार को दिलासा दिया कि सीटी स्कैन से पता चला है कि गोली ने मलाला के दिमाग के नाजुक हिस्सों को क्षतिग्रस्त नहीं किया है, इसलिए वह जल्द ही ठीक हो जाएगी। तब तक वे मलाला के घाव को साफ कर पट्टी बांध चुके थे। मलाला की प्रिंसिपल मैडम मरियम भागती आईं और मि. युसफ़ज़ई से पूछा कि उसे क्या हुआ है। जब यह सब हुआ तो वे उस समय स्कूल में नहीं थीं। वे खबर पाते ही दौड़ी चली आईं। उन्हें मलाला के साथ-साथ उन बाक़ी दो लड़कियों की भी चिंता थी। हालांकि मलाला के अब्बा को

भी जाकर उन लड़कियों के बारे में पता करना चाहिए था, पर वे अपनी बेटी को एक पल के लिए भी अकेला नहीं छोड़ना चाहते थे। उनका फोन लगातार घनघना रहा था। सबसे पहले खैबर पख्तून के मुख्यमंत्री का फोन आया और उन्होंने दिलासा दिया कि सरकार उन्हें हरसंभव मदद देगी। उन्होंने यह भी कहा कि पेशावर में लेडी रीडिंग अस्पताल में मलाला और उसके परिवार की प्रतीक्षा हो रही है ताकि वहां मलाला की चिकित्सा की जा सके।

इसी दौरान वहां सेना आ गई और सारा परिदृश्य ही बदल गया। स्थानीय कमांडर ने आकर कहा कि चॉपर कभी भी आ सकता था, जो कि मलाला और उसके पिता को पेशावर ले जाने वाला था। वे समय बरबाद नहीं करना चाहते थे, इसलिए उसकी मां को भी बुलाकर लाने का समय नहीं मिला। प्रिंसिपल मरियम ने ही मलाला को संभाला और आग्रह किया कि वे उन्हें अपने साथ पेशावर ले चलें। हालांकि मरियम के परिवार को यह बात मंजूर नहीं थी, पर इस बार उन्होंने भी मना नहीं किया और वे अपनी छात्रा की सार-संभाल करती रहीं। जब मलाला को ले जाया जा रहा था तो उसके अब्बा को ऐसा लग रहा था कि कहीं तालिबान उनके चॉपर पर ही हमला न कर दें; उन्हें लग रहा था मानो हर कोई जानता था कि उस चॉपर में घायल मलाला को पेशावर ले जाया जा रहा था।

अस्पताल से हैलीपैड की दूरी केवल पांच मिनट थी, पर वे उस दौरान भी बहुत भयभीत रहे। वे लोग हैलीपैड पहुंचे तो चॉपर के आने में कुछ मिनट लगे। उन्हें लगा मानो वे सदियों से खड़े समय नष्ट कर रहे थे। उनके साथ चॉपर में मैडम मरियम, मलाला की रिश्ते की बहन कनीज़ और अहमद शाह भी गए। उनमें से पहले किसी ने भी विमान यात्रा नहीं की थी। उन्होंने एक ऐसी जगह के ऊपर से उड़ान भरी, जहां सेना के किसी कार्यक्रम का आयोजन था और देशभक्ति के गीत चलाए जा रहे थे। एक दम तोड़ रही लड़की के पिता को उस दिन कुछ सुनाई नहीं दे रहा था।

मलाला की मां उस चॉपर को अपने घर के ऊपर से जाते देख रही

थी। जब उन्हें यह खबर मिली तो वे अपनी नई अध्यापिका मिस उल्फत से सेब और पुस्तक जैसे शब्द लिखना सीख रही थीं। पहले जब उन्हें यह पता लगा कि एक दुर्घटना हो गई है तो उन्होंने सोचा कि मलाला को टांग में चोट आई होगी, पर ये नजारा तो बिलकुल ही अलग था। वे मलाला की दादी के पास भागी गईं और उनसे आग्रह किया कि वे उनकी बच्ची की जान बचाने के लिए दुआ करें। सड़कों पर लोगों के हाथों में मलाला की तस्वीरें थीं और उन्होंने अपने हाथों में तख़्तियां थामी हुई थीं। जल्द ही उनका घर औरतों से भर गया। पश्तूनों में जब किसी के घर कोई मौत होती है तो सारी औरतें मृतक के घर आ जाती हैं और पुरुष हुजरे में चले जाते हैं। केवल निकटतम संबंधी ही नहीं आते, बल्कि आसपास के सारे लोग जमा हो जाते हैं। मलाला की अम्मी अपने घर में इतने लोगों को अफसोस करता देख दंग रह गईं। उन्होंने उनसे कहा कि वे रोने की बजाए उनकी बेटी की जान की सलामती की दुआ करें। वे स्वयं कुरान की आयतें पढ़ने लगीं। तभी मलाला के भाई स्कूल से आ गए। अटल को टी.वी से इस खबर का पता चला। उसने दूसरे भाई खुशहाल को फोन करके बुलवा लिया और वे उन लोगों में शामिल हो गए। घर के फोन की घंटी लगातार बज रही थी। लोग मलाला की मां को दिलासा दे रहे थे कि उसे कुछ नहीं होगा, क्योंकि गोली ने उसके दिमाग पर असर नहीं किया है। इसी दौरान कई अफवाहें भी फैल गई थीं कि मलाला का पैर भी घायल हुआ है। कइयों ने कहा कि उसके सिर में गोली लगी है। मलाला की अम्मी परेशान थीं और यही सोच रही थीं कि मुश्किल घड़ी में अपनी अम्मी को पास न पाकर मलाला को कितना अजीब लग रहा होगा। उनके आसपास के लोग उनसे यही कह रहे थे कि उन्हें वहां से कहीं जाने की जरूरत नहीं थी, क्योंकि या तो मलाला की मौत हो गई थी या उसे वहां से ले जाया जा चुका था। फिर उनके पति के एक दोस्त का फोन आया। उन्हें बताया कि मलाला को विमान से पेशावर ले जाया गया है। जिन्होंने अपने बच्चों के साथ सड़क मार्ग से वहां के लिए रवाना होना चाहिए। अचानक ही किसी ने आकर उन्हें घर की

चाबियां थमाईं, जो उस जगह से पाई गई थीं, जहां मलाला को गोली मारी गई थी। वे बहुत ही हृदयविदारक क्षण थे। वे बहुत ही जोर से चिल्लाईं कि उन्हें उस समय उन चाबियों की आवश्यकता नहीं थी। उन्हें तो अपनी बेटी के पास जाना था, जो मौत की गोद में समाने को तैयार थी। उन्होंने कहा कि जब मलाला ही न रहेगी तो वे घर की चाबियां लेकर क्या करेंगी।

हैलीकॉप्टर में मलाला खून की उल्टी कर रही थी, जिसे देखकर उसके पिता समझ गए कि शरीर के भीतर कहीं खून का रिसाव हो रहा था। हर बीतते क्षण के साथ वे अपनी उम्मीद खो रहे थे। मरियम ने मलाला के मुंह से खून पोंछा तो उन्होंने देखा कि मलाला हिल-डुल रही थी। उन्होंने मलाला के अब्बा से कहा कि यह एक अच्छा लक्षण है। मलाला बिलकुल ठीक हो जाएगी। उसे कुछ नहीं होगा। उन्हें लगा कि जब वे पेशावर पहुंचेंगे तो उन्हें लेडी रीडिंग अस्पताल ले जाया जाएगा; जहां एक बहुत अच्छी न्यूरो सर्जन मुमताज उनका इंतजार कर रही हैं; पर उन्हें वहां ले जाने की बजाए कंबाइंड मिलिट्री अस्पताल, सीएचएम ले जाया गया। अंग्रेजों के जमाने के बने 600 बिस्तरों वाले विशाल अस्पताल में, नई इमारत के लिए निर्माण कार्य चल रहा था। जब से शहर में सेना आई थी, तब से वहां आने वाले मरीजों की संख्या बढ़ गई थी। शहर और उसके आसपास के इलाकों में आत्मघाती दस्तों के हमले होते ही रहते थे। घायलों का इलाज वहीं किया जाता था। मलाला को एक अलग भवन में बने गहन आपात कक्ष में ले जाया गया। उसे कांच की दीवारों से घिरे आईसीयू में रखा गया। एक नर्स ने उसे ड्रिप लगा दी। अगले ही कक्ष में एक बुरी तरह से जला हुआ सिपाही था, जिसने एक विस्फोट के दौरान अपनी एक टांग गंवा दी थी। तभी एक युवक वहां आया और उसने अपना परिचय देते हुए कहा कि वह कर्नल जुनैद था। वह आर्मी स्टाफ का न्यूरोसर्जन था। उसकी आयु को देखते हुए युसूफ़ज़ई को संदेह हुआ कि वह कोई छोटा डॉक्टर ही होगा। उसने मरियम से पूछा कि क्या वह मरीज की मां हैं। मरियम ने झूठ बोला और उन्हें अंदर आने की इजाजत मिल

गई। कर्नल जुनैद ने मलाला का परीक्षण किया। तब तक मलाला को हल्का होश आ गया था। वह बेचैन थी, पर कुछ बोल नहीं पा रही थी। उसे नहीं पता था कि उस समय वह कहां थी और उसके आसपास क्या घट रहा था। कर्नल ने उसकी बाईं भौं के पास वाले घाव को सिल दिया, जहां से गोली अंदर गई थी, पर उन्हें स्कैन में कहीं गोली दिखाई नहीं दी और यह बड़ी हैरानी की बात थी। उन्होंने अपने-आप से कहा कि अगर गोली शरीर के अंदर गई है तो उसे बाहर निकालना ही होगा। उन्होंने मलाला की रीढ़ ही हड्डी की जांच में पाया कि गोली उसके बाएं कंधे के नीचे थी। उन्होंने कहा कि जब मलाला को गोली लगी, तब वह उकड़ूं होकर बैठी होगी, ऐसा हुआ भी होगा। मलाला को एक और सी. टी. स्कैन के लिए ले जाया गया। कर्नल ने उसके पिता को अकेले में बात करने के लिए अपने ऑफिस में बुलवाया। वहां उन्होंने उन्हें स्कैन की रिपोर्ट दिखाई। उन्होंने बताया कि स्वात में केवल एक ही एंगल से स्कैन हुआ था, पर इस बार की रिपोर्ट काफ़ी भयंकर और गंभीर थी। सी. टी. स्कैन से पता चला था कि वह गोली मलाला के मस्तिष्क के बहुत पास थी। उन्होंने बताया कि हड्डी के कणों ने ब्रेन के मैम्ब्रेन को भी क्षति पहुंचाई थी। उन्होंने मलाला का ऑपरेशन करने से इंकार कर दिया, क्योंकि वे इतना बड़ा खतरा मोल लेने को तैयार नहीं थे। अब तक मलाला के पिता अपना धैर्य खो चुके थे। उन्हें स्वात में बताया गया था कि चिंता वाली कोई बात नहीं थी। सारी स्थिति नियंत्रण में थी और यहां तो बात ही अलग हो गई थी। उन्हें एक नई ही कहानी सुनाई जा रही थी। उन्होंने जुनैद से कहा कि अगर स्थिति इतनी गंभीर थी तो वे ऑपरेशन करने में देरी क्यों कर रहे थे? दरअसल सेना ने स्वात में बहुत समय से डेरा डाल रखा था और लोगों को उनसे बहुत ही चौकस रहने की आदत हो गई थी। वे उन पर पूरी तरह से भरोसा नहीं कर पाते थे। उसी समय मलाला के पिता को उनके एक मित्र का फोन आ गया, जो मलाला को सेना के अस्पताल में रखने के बिलकुल ख़िलाफ थे। उन्होंने कहा कि मलाला को तुरंत वहां से किसी दूसरे अस्पताल में ले जाया जाना चाहिए।

इन हालातों ने युसूफ़ज़ई को परेशान कर दिया। उनके इष्ट-मित्र नहीं चाहते थे कि मलाला का नाम भी देश पर शहीद होने वालों की सूची में आ जाए। उन्होंने सारी बात जुनैद के सामने रख दी और उनसे यह आग्रह भी किया कि वे सिविल अस्पताल से डॉ. मुमताज को बुलवा लें ताकि उन्हें मदद मिल सके। जुनैद यह सुनकर हैरान रह गए और उनसे पूछा कि भला इससे मलाला को क्या लाभ होगा। इसके बाद जुनैद ने उन्हें दिलासा देते हुए कहा कि वे भले ही दिखने में छोटे लग रहे हों, पर वे पिछले तेरह सालों से एक न्यूरोसर्जन के रूप में काम करते आ रहे हैं। वे पाकिस्तान सेना के सबसे अनुभवी न्यूरोसर्जनों में से थे और उन्होंने सेना की श्रेष्ठ सुविधाओं तथा अपने अंकल के आदर्शों के पालन के कारण ही वहां काम करने का प्रण लिया। पेशावर के सीएचएम में गोली व बम के घावों आदि के मामले आते ही रहते थे और उन्होंने थोड़े कड़े सुर में मि. युसूफ़ज़ई को बताया कि वे इससे पहले और कई मलाला की प्राण रक्षा कर चुके थे। मि. युसफ़ज़ई अपनी बेटी की इस हालत को देख बिलकुल स्तब्ध थे। हारकर उन्होंने जुनैद से आग्रह किया कि उन्हें जो सही लगे, वे कर सकते हैं। अगले कुछ घंटों में वे टिक-टिक करती घड़ी की सुईयों को देखने के सिवा कुछ नहीं कर सके। अस्पताल में मलाला के अंगों की एक-एक आंतरिक गतिविधि को मॉनीटर किया जा रहा था ताकि उसके ऑपरेशन में कोई कमी न आए। बीच-बीच में उसकी कराह सुनाई देती और वह अपने हाथ हिलाती। उसने एक-दो बार अपनी पलकें भी झपकाईं। जब उसने एक बार अपनी आंखें खोलीं तो मरियम पास ही थीं। उन्होंने बाद में कहा कि उन्होंने कभी देखा ही नहीं था कि मलाला की आंखें कितनी सुंदर थीं। वह बहुत बेचैन थी और अपनी अंगुली से मॉनीटर हटाने की कोशिश कर रही थी। मरियम ने हाथ के संकेत से उसी तरह मना किया, जिस तरह वे एक कड़क प्रिंसिपल की तरह स्कूल में पेश आया करती थीं। उसी शाम मलाला की अम्मी और अटल भी आ गए। वे लोग सड़क मार्ग से चार घंटे की लंबी यात्रा करके आए थे। उन्हें मुहम्मद फारूख़ अपने साथ लाए थे,

जो युसूफ़ज़ई के मित्र थे। मलाला के पास जाने से पूर्व, मरियम ने मलाला की अम्मी से आग्रह किया कि वे उसके सामने बहादुरी से पेश आएं और बिलकुल न रोएं, क्योंकि मलाला सब कुछ सुन सकती थी और समझ सकती थी। वे समझ गई और अपना दिल कड़ा करके आगे बढ़ीं। उनके पति भी उन्हें फोन कर चुके थे और समझा चुके थे कि उन्हें बुरे-से-बुरे वक़्त के लिए अपने-आप को तैयार कर लेना चाहिए। जब मलाला की अम्मी अपनी बच्ची से मिलीं तो उन्होंने उसे कसकर गले से लगा लिया और अपने आंसुओं को रोकते हुए दिखा दिया कि एक पश्तून महिला कितनी मजबूत और दिलेर हो सकती है। उन्होंने मलाला से कहा कि उसका भाई भी मिलने आया था। मलाला के भाई के लिए अपने आंसू रोकना मुश्किल हो गया और वह बार-बार एक ही बात दोहराने लगा कि मलाला को कितनी बुरी तरह से चोट आई है। एक भाई के लिए अपनी बहन को अस्पताल के बिस्तर पर पड़े हुए, ज़िंदगी और मौत के बीच झूलते हुए देखना आसान नहीं होता, अटल उस समय उन्हीं हृदयविदारक क्षणों का सामना कर रहा था। मलाला की अम्मी को समझ नहीं आ रहा था कि उनकी बेटी का ऑपरेशन करने में देरी क्यों हो रही थी। वे चाहती थीं कि उनकी बेटी के शरीर से जल्द- से-जल्द गोली निकाल दी जाए। वे जोर से रोते हुए चिल्लाई, 'ओह मलाला, मेरी प्यारी और बहादुर बच्ची!' अटल तो इतना घबरा गया कि उसे अस्पताल के होस्टल में ले जाना पड़ा, उन्हें वहीं रहने की जगह दी गई थी। इस दौरान मलाला के पिता अस्पताल में आए नेताओं, नौकरशाहों, सरकारी अधिकारियों, मंत्रियों आदि के जमघट को देख विस्मित थे, वे लोग मलाला के परिवार के लिए अपनी सहानुभूति प्रकट करने आए थे। यहां तक कि गवर्नर भी आए और उन्होंने मलाला के इलाज के लिए एक लाख रुपए की राशि प्रदान की। हमारे मध्यमवर्गीय समाज में अगर किसी की मृत्यु हो जाती है और कोई प्रभावशाली व्यक्ति परिवार को अपनी सांत्वना देने आता है तो लोग इससे बहुत सम्मानित अनुभव करते हैं, पर जरा मलाला के पिता की स्थिति की कल्पना करें, उनकी पंद्रह वर्षीया बेटी मौत के

कगार पर थी, वे उस समय कैसा अनुभव कर रहे होंगे। निःसंदेह उन्हें बहुत बुरा लग रहा था। वे बुरी तरह से झल्लाए हुए और कुंठित थे। वे चाहते थे कि अपनी गाने व चहचहाने वाली प्यारी सी बिटिया को जल्द-से-जल्द उस माहौल से दूर वापिस घर ले जाएं।

जब वे होस्टल में रात का खाना खा रहे थे तो अटल ने टी.वी. चला दिया। उन्होंने उसे उसी समय बंद करवा दिया। वे चैनलों पर बार-बार मलाला को गोली लगने की ख़बर को नहीं सुन सकते थे। ऐसी ख़बर सुनकर लगता था मानो वे हर बार वही मौत मर रहे हों। इसके बाद उनका भी धैर्य छूट गया और वे अपनी पत्नी के साथ मिलकर विलाप करने लगे। आधी रात के करीब जुनैद का संदेश आया कि वह आईसीयू के बाहर मलाला के पिता से तुरंत मिलना चाहते हैं। युसूफ़ज़ई का दिल तेजी से धड़कने लगा। उन्हें लगा कि मलाला की हालत में सुधार हुआ है, पर अभी वह खबर उनसे बहुत दूर थी। डॉ. जुनैद ने उन्हें बताया कि मलाला के मस्तिष्क में सूजन आ रही थी। मलाला के अब्बा को और तो कुछ समझ नहीं आया, पर वे यह समझ गए कि हालात बिगड़ रहे थे। डॉक्टर ने उन्हें सरल शब्दों में समझाया कि मलाला बार-बार बेसुध हो रही थी और उसे खून की उल्टी हो रही थी। एक दूसरे स्कैन से पता चला कि मस्तिष्क की सूजन भयंकर होती जा रही थी। क्योंकि हड्डी का चूरा मस्तिष्क में चला गया था, जिसके कारण मस्तिष्क सूज रहा था। डॉक्टर ने कहा कि उन्हें मलाला की खोपड़ी में थोड़ी खाली जगह बनानी होगी ताकि मस्तिष्क को सूजन के बाद फैलने के लिए स्थान मिल सके। अगर ऐसा न किया तो वह दबाव असहनीय हो जाएगा। इसलिए अगर उसी समय मलाला का वह ऑपरेशन न किया गया तो उसकी जान भी जा सकती है। यह डॉक्टर की ओर से एक बहादुरी भरा फैसला था। वे अपनी ओर से पूरी कोशिश करना चाहते थे। जुनैद के वरिष्ठ डॉक्टरों ने भी यही सलाह दी थी कि उन्हें खतरा मोल न लेते हुए, मलाला को विदेश भेज देना चाहिए। मि. युसुफ़ई ने पूछा कि क्या उनकी बच्ची बच तो जाएगी। हालांकि उस समय डॉ. कर्नल जुनैद उन्हें थोड़ा-सा दिलासा भी नहीं

दे सके, क्योंकि वे स्वयं नहीं जानते थे कि मलाला की किस्मत में क्या लिखा था। इसी एक फैसले ने मलाला की जान बचा ली। जुनैद ने मि. युसुफ़ज़ई से हामी लेने के बाद उन्हें बताया कि वे अपनी मदद के लिए डॉक्टर मुमताज को भी बुलाएंगे। मि. युसूफ़ज़ई बहुत ही जिगरे वाले लोगों में से थे, पर जब उन्हें ऑपरेशन से पहले एक फॉर्म पर हस्ताक्षर करने को कहा गया तो उनके भी हाथ कांप गए। उस पर स्पष्ट शब्दों में अंकित था कि चिकित्सा के दौरान मरीज की जान भी जा सकती थी, जिसके लिए अस्पताल जिम्मेवार नहीं होगा। वे केवल सकारात्मक रूप से सोचना चाह रहे थे, पर चाहकर भी ऐसा कर नहीं पा रहे थे। रात को ऑपरेशन डेढ़ बजे के करीब आरंभ हुआ और मलाला के माता-पिता व मरियम ऑपरेशन थियेटर के बाहर प्रतीक्षा कर रहे थे। मि. युसुफ़ज़ई अल्लाह के आगे दुआ कर रहे थे कि उनकी बेटी की जान बच जाए। वे अल्लाह से यहां तक कह रहे थे कि अगर उनकी बेटी सही-सलामत जीती-जागती घर लौट जाए तो वे रेगिस्तान में भी रहने को तैयार हो जाएंगे। बस किसी भी कीमत पर वह दुखियारा पिता अपनी प्यारी बेटी की जान बचाना चाहता था। उन्होंने कहा कि अगर मलाला को कुछ हो गया तो शायद वे भी जीवित नहीं रह सकेंगे। मलाला की अम्मी अपने पति को दिलासा देते हुए कहा कि अल्लाह के घर में अंधेर नहीं हो सकता, निश्चित रूप से उनकी बेटी बिलकुल भली-चंगी होकर घर लौटेगी। उन्हें अल्लाह पर भरोसा करना चाहिए। इसके बाद वे भी दीवार की ओर मुख कर, हाथ में थमी कुरान-ए-पाक से आयतें पढ़ने लगीं। मैडम मरियम उनकी इस श्रद्धा को देख दंग रह गईं। उन्होंने कभी किसी को इतने दिल से प्रार्थना करते नहीं देखा था और उन्हें भी पूरा विश्वास था कि अल्लाह मलाला के माता-पिता और मलाला के लिए उन सभी देशवासियों की दुआओं को नामंजूर नहीं कर सकता था।

मलाला के पिता स्वयं को अतीत की उन सभी यादों से दूर ले जाने की कोशिश कर रहे थे, जब उन्होंने मलाला को अपने विचार प्रकट करने के लिए प्रोत्साहित किया था, पर वही यादें बार-बार

उनकी आंखों के आगे नाच रही थीं। वे उस समय को याद नहीं करना चाहते थे, जब उन्होंने स्वयं यह बात प्रकट की थी कि बीबीसी डायरी की अनाम लेखिका कोई और नहीं बल्कि खुशहाल स्कूल के जियाउद्दीन युसूफ़ज़ई की बेटी मलाला युसूफ़ज़ई ही है। वे उन सभी यादों को दिमाग से निकाल देना चाहते थे, पर यह सब इतना आसान तो नहीं था। हालांकि वे स्वयं को अपनी बेटी की इस हालत का जिम्मेवार मान रहे थे और उस समय उनके जीवन की एकमात्र इच्छा केवल यही थी कि वे किसी तरह अपनी पुत्री को घर वापिस ले जा सकें। वे उस समय अल्लाह से केवल यही दुआ कर रहे थे कि उनकी हंसती-चहचहाती मलाला को उनकी गोद में वापिस दे दे। ऑपरेशन थियेटर के अंदर का दृश्य किसी फिल्मी ऑपरेशन के सीन से कम नहीं था, जहां डॉक्टर बड़ी गंभीरता से अपने काम में जुटे थे। अंतर केवल इतना था कि फिल्मों में व्यक्ति और परिस्थितियां नकली होते हैं, पर यहां सब कुछ असली था। मलाला वास्तव में सब कुछ सह रही थी, उस मेज पर पड़ी प्रतीक्षा कर रही थी कि उसके शरीर से वे गोलियां निकाल दी जाएं, जो तालिबानों ने बिना सोचे-समझे उसके शरीर में उतारीं। जुनैद ने उसकी खोपड़ी से एक हड्डीनुमा हिस्से को निकाल दिया ताकि मस्तिष्क को सूजने के बाद फैलने के लिए स्थान मिल सके और सिर पर अतिरिक्त दबाव न आए। उन्होंने मलाला की खोपड़ी से आठ से दस सेंटीमीटर के चौरस हिस्से को काटा, फिर उसके पेट के बाएं हिस्से के सबकुटेनियस उत्तकों को काट कर, हड्डी के उस हिस्से को वहां रख दिया ताकि उसे वहां सुरक्षित रखा जा सके। फिर एक ट्रैकिओटॉमी की गई, क्योंकि उन्हें डर था कि कहीं सूजन के कारण सांस लेने में दिक्कत न आ जाए। उन्होंने मलाला के कंधे से गोली निकाली और मस्तिष्क के आसपास जमी खून की बूंदों को भी हटा दिया। ऑपरेशन के बाद मलाला के बहादुर जवान हृदय को वेंटीलेटर यानी कृत्रिम श्वास पर डाल दिया गया। यह प्रक्रिया पांच घंटे तक चली और वे पांच घंटे मलाला के माता-पिता की जान पर भारी थे। वे सुनना चाहते थे कि मलाला अब ठीक है, पर अभी यह खबर आने

में देर थी। इसी देरी ने उन्हें बेचैन कर रखा था। मलाला की अम्मी सकारात्मक मनोदशा में थीं पर उसके पिता को यही लग रहा था कि सीढ़ियों पर नीचे खड़े लोग मलाला की मातमपुर्सी के लिए जमा हुए थे और उसके मरने की प्रतीक्षा में थे। उनके कुछ दोस्त वाकई उनके साथ थे और कुछ उस परिवार को मिल रही तवज्जो को देख ईर्ष्या के मारे जल-भुन कर राख हो रहे थे। उन्हें मलाला को मिल रहे हाईप्रोफाइल इलाज को देख जलन हो रही थी।

मि. युसुफ़ज़ई अधीरता से यहां-वहां चक्कर काट रहे थे कि उस कक्ष से एक नर्स निकलती दिखाई दी और पूछा कि क्या वे मलाला के पिता हैं। हामी मिलने पर नर्स उन्हें एक कमरे में ले गई। मि. युसुफ़ज़ई का दिल डूब गया। वे जानते थे कि उन्हें एकांत में ले जाकर, माफी मांगते हुए यही कहा जाएगा कि वे लोग लाख कोशिश करने पर भी मलाला की जान नहीं बचा सके। पर नर्स ने कहा कि उन्हें ब्लड बैंक से मलाला के लिए खून लेने जाना होगा। उन्हें चैन आ गया, पर साथ ही वे चकरा भी गए कि उस समय वे कहीं और कैसे जा सकते थे। उनके एक मित्र ने यह काम किया और मलाला के लिए ब्लड बैंक से खून लेकर आया। सुबह साढे पांच के करीब सर्जन बाहर आए। उन्होंने मि. युसुफ़ज़ई को बताया कि गोली निकाल दी गई थी और मस्तिष्क का कुछ हिस्सा निकाल दिया गया था ताकि उसे सूज कर फैलने के लिए स्थान मिल सके।

मलाला के पिता ने डॉ. जुनैद से कहा कि क्या वे एक मूर्खतापूर्ण सवाल पूछ सकते हैं। जुनैद के हामी भरने पर मलाला के पिता ने पूछा कि क्या उनकी बेटी की जान बच गई। डॉक्टर ने कहा, 'उनके पेशे में कुछ भी सुनिश्चित नहीं होता। उन्होंने अपनी ओर से पूरा प्रयास किया, पर अभी इंतजार करते हुए, यह देखना बाक़ी था कि मलाला के शरीर ने उस ऑपरेशन के लिए क्या प्रतिक्रिया दी है।' इसके बाद वे यह पूछने से भी स्वयं को रोक नहीं सके कि डॉक्टर उसके दिमाग से निकली हड्डी का बाद में क्या करेंगे। डॉक्टर ने बताया कि उसे तीन महीने बाद, वापिस उसी जगह लगा दिया जाएगा। उस दिन सुबह

मलाला ने अपने बाजू हिलाए, जो कि एक अच्छा लक्षण था। उस प्रांत के अच्छे डॉक्टर मलाला की जांच के लिए आए और जुनैद व मुमताज की टीम को बधाई दी। उन लोगों ने बहुत अच्छा काम किया था। यदि वे रात को वैसा ऑपरेशन न करते तो निश्चित रूप से मलाला को बचाना असंभव हो जाता। उन्होंने यह भी सलाह दी कि अब मलाला को कोमा में डाल देना चाहिए, क्योंकि अगर उसे होश आया और मस्तिष्क पर दबाव पड़ा तो यह स्थिति घातक हो सकती थी। जब मलाला इन हालात से गुज़र रही थी तो तालिबानों ने एक वक्तव्य जारी किया, जिसमें उन्होंने मलाला की बस पर हुए हमले की जिम्मेवारी ली और साफ इंकार किया कि वे यह सब इसलिए नहीं कर रहे थे, क्योंकि मलाला लड़कियों को शिक्षा देने की हिमायत करती थी। उन्होंने कहा कि जो कोई भी उनके खिलाफ आवाज़ उठाएगा, वे इसी तरह उसे भी मिटा देंगे। यह सब पाकिस्तान में तालिबानों के प्रवक्ता एहसानउल्ला एहसान द्वारा कहा गया। उन्होंने कहा कि मलाला को निशाना इसलिए बनाया गया, क्योंकि वह निरपेक्षवाद का प्रचार कर रही थी। उन्होंने कहा कि भले ही उसकी आयु कम थी, परंतु वह घाटी में पश्चिमी सभ्यता को बढ़ावा देने का काम कर रही थी। मलाला पश्चिम की पक्षधर थी और उसने ओबामा को अपना आदर्श कहा था। मलाला के पिता अच्छी तरह जानते थे कि तालिबानी क्या कहना चाह रहे थे। पिछले साल जब मलाला को 'नेशनल पीस प्राइज' मिला तो उसने टी.वी. पर बहुत से साक्षात्कार दिए और उनमें से एक में ही उसने अपने लोकप्रिय नेताओं के उल्लेख पर ख़ान अब्दुल गफ्फार ख़ान, बेनजीर भुट्टो और बराक ओबामा का नाम लिया था। उसने यह भी कहा था कि ओबामा ने एक अश्वेत नवयुवक के रूप में बहुत से कष्टों-संघर्षों का सामना किया और अंत में अपने सपनों व लक्ष्यों को साकार किया। परंतु पाकिस्तान के दिमाग में तो अमेरिका के नाम पर एक और ही तस्वीर बसी हुई थी।

पाकिस्तान अमेरिका द्वारा उनके इलाके में मारे गए गुप्त छापों व रेमंड डेविस की बात को भूला नहीं था। डेविस एक भूतपूर्व यू.एस.

सिपाही था। वह सीआईए के साथ एक अनुबंध में भी था। जनवरी 2011 में उसने लाहौर में दो सशस्त्र लोगों को मार दिया। हालांकि अमेरिका की सरकार निश्चिंत थी कि वह दूतावास से जुड़ा था; इसलिए कोई कानून उसका कुछ नहीं बिगाड़ सकता; पर उसे जेल में डाला गया और उस पर हत्या के साथ-साथ गैरकानूनी हथियार रखने का इल्जाम भी लगाया गया। डेविस की मदद के लिए आ रही एक कार द्वारा, सड़क पर तीसरा आदमी भी मारा गया, क्योंकि चालक बहुत तेज कार चला रहा था। मार्च में डेविस ने दोनों परिवारों को 'दिया' की राशि दे दी। इसके अनुसार यदि मरने वाले के परिवार वाले स्वेच्छा से कुछ धनराशि लेकर हत्यारे को माफ कर दें तो कानून भी उसे छोड़ देता है। डेविस को रिहा कर दिया और वह पाकिस्तान से चला गया। इससे पाकिस्तान और यू.एस के कूटनीति संबंधों में खटास-सी आ गई। आपसी बहसबाजी के बीच मामला और भी बिगड़ता चला गया। पाकिस्तान में सार्वजनिक रूप से प्रदर्शन किए गए, जिनमें डेविस को सजा देने की मांग की जा रही थी।

इसी बीच पाकिस्तान अधिकारियों ने डेविस के मामले में कुछ और जानकारी खोज ली और उसे दोषी ठहराया, कुल मिलाकर इस मामले ने दोनों देशों के बीच कटुता पैदा की।

दो माह पहले ही मलाला की हत्या के आदेश दिए जा चुके थे। तालिबानों का कहना था कि जो भी कोई सरकार का साथ देगा, उसे गोली से उड़ा दिया जाएगा। तालिबानों ने बताया कि उन्होंने दो स्थानीय स्वात युवकों की मदद से पता लगवाया कि मलाला किस रास्ते से स्कूल से आती-जाती है या उसके घर से निकलने व लौटने का समय क्या हैं। उन्होंने जानबूझ कर सीमा की चौकी के पास हत्या की योजना बनाई ताकि सरकार को दिखा सकें कि वे बेखौफ़, जब भी चाहे, कहीं भी, किसी को भी मार सकते हैं।

आर्मी चीफ जनरल कयानी भी मलाला की हालत का जायजा लेने आए। कर्नल जुनैद ने जनरल कयानी को बताया कि अब तक क्या किया जा चुका था और अब से आगे क्या करना चाहते थे। जनरल ने

उनसे कहा कि उन्हें सीटी स्कैन को बेहतर परामर्श के लिए विशेषज्ञों के पास भेजना चाहिए था। जनरल की भेंट के बाद किसी को भी मलाला के कमरे में जाने की अनुमति नहीं दी गई। हालांकि उससे मिलने के लिए बड़ी-बड़ी हस्तियां आईं, जिनमें क्रिकेटर इमरान खान, प्रांतीय सूचना मंत्री मियां इफ्तखार हुसैन (वे तालिबानों के बड़े आलोचकों में से थे और उनके एकमात्र पुत्र को तालिबानियों ने मार दिया था), मलाला के प्रांत के मुख्यमंत्री हैदर होती, (जिनके साथ वह पहले वार्ताओं में हिस्सा ले चुकी थी।) उल्लेखनीय थे। हैदर होती ने मीडिया से कहा कि मलाला मर नहीं सकती और वे इस बात की अपनी ओर से पक्की गारंटी दे सकते हैं। बाद में उसी दिन, रावलपिंडी से हैलीकॉप्टर से दो ब्रिटिश डॉक्टर आए। डॉ. जावेद कयानी और डॉ. फिओना रेनाल्डस, लंदन के बर्मिंघम अस्पतालों से थे। वे पाकिस्तान में आए थे ताकि सेना को देश के पहले लीवर ट्रांसप्लांट सेटअप की जानकारी दे सकें। इस बारे में ब्रिटिश डॉक्टरों की आशाएं असफल रहीं, हालांकि सेना ने आगे आ कर अंतर्राष्ट्रीय मोर्चे पर देश की इज़्ज़त को संभाला। जनरल कयानी इन सबमें बदलाव लाना चाहते थे और उन्होंने डॉक्टरों से कहा कि वे विदेश जाने से पूर्व मलाला की स्थिति के बारे में उन्हें कुछ जानकारी देकर जाएं। डॉक्टरों को अगले दिन सुबह लौटना था। हालांकि अस्पताल निदेशक और दूसरे कर्नल को यह पसंद नहीं आया। थोड़ी-बहुत बहस भी हुई, पर जब उन्हें पता चला कि विदेशी डॉक्टरों को किसने भेजा था तो वे भी चुप लगा गए। ब्रिटिश डॉक्टरों ने मेडिकल उपचार की जांच की, जिससे वे संतुष्ट नहीं हुए। और भी कुछ ऐसी बातें हुईं; जिन्होंने उन्हें निराश कर दिया; जैसे नल खोला तो नल में पानी नहीं था। डॉ. फिओना ने मशीनों की जांच करते हुए स्टाफ से पूछा कि मलाला का रक्तचाप कब जांचा गया था। उन्होंने कहा कि दो घंटे पहले देखा गया था। डॉक्टर ने कहा कि बी. पी. पर तो निरंतर नज़र रखनी होगी। उन्होंने नर्स से यह भी पूछा कि वहां कोई आर्टरियल लाइन क्यों नहीं थी और कार्बन डाइऑक्साइड का स्तर इतना कम क्यों था। मलाला के पिता यह

सुनकर संदेहग्रस्त हो उठे। डॉक्टर ने कहा कि न्यूरोसर्जरी के बाद बीपी, पल्स और सीओ 2 के स्तर को सामान्य रखना बहुत महत्त्व रखता है। दोनों डॉक्टरों ने यही मत दिया कि ऑपरेशन करना एक सही फैसला था, पर वे लोग ऑपरेशन के बाद दी जाने वाली देखरेख, सही तरह से नहीं दे पा रहे थे। फिर वे हैलीकॉप्टर से वापिस लौट गए, क्योंकि उनके लिए शाम के बाद पेशावर में ठहरना ख़तरे से खाली नहीं था। इसके बाद पाकिस्तान के आंतरिक मामलों के मंत्री रहमान मलिक आए और मलाला के पिता को पासपोर्ट दिया, क्योंकि मलाला को ऑपरेशन के बाद दी जाने वाली देखरेख के लिए विदेश ले जाया जाना था। मलाला के पिता पासपोर्ट लेकर बहुत घबरा गए और उसे अपनी पत्नी को देते हुए कहा कि उन्हें समझ नहीं आ रहा कि यह सब मलाला की भलाई के लिए हो रहा था या वे उसे आने वाले समय में खोने की तैयारी कर रहे हैं। वे दोनों रोने लगे, दरअसल उन्हें अहसास नहीं था कि तब तक उनकी बहादुर बेटी की कहानी दुनिया के कोने-कोने तक पहुंच गई थी। लोग उसके लिए आवाज़ उठा रहे थे और चाहते थे कि मलाला के इलाज में कोई कमी न आए, वह सही-सलामत अपने माता-पिता के पास लौट सके। मलाला की हालत गंभीर हो रही थी और अब उसके पिता सारे फोन भी नहीं सुन रहे थे। कुछ ही समय बाद, उनके पास अरफ़ा करीम नामक किशोरी के परिवार से फोन आया, वह पाकिस्तानी पंजाब की एक कंप्यूटर जीनियस थी। उसने मलाला के साथ अनेक फोरम में बात की थी और कंप्यूटर की धुरंधर जानकार थी। वह नौ वर्ष की आयु में, दुनिया की सबसे अल्पायु की सर्टिफाइड माइक्रोसॉफ्ट प्रोफेशनल कहलाई, सिलीकॉन वैली में उसके कौशल बेजोड़ थे। त्रासदी यह रही कि उसी साल उसे मिरगी का दौरा पड़ा और उसके बाद दिल के दौरे में उसके प्राण जाते रहे। वह उस समय केवल सोलह साल की थी। मलाला से एक साल बड़ी। अरफा के पिता मलाला के अब्बा को फोन करने के बाद सुबकने लगे और कहा कि बेटियों के जाने के बाद माता-पिता के लिए जीना इतना आसान नहीं होता।

मलाला को मंगलवार को गोली लगी थी और उसके पिता को उसके बचने की कोई आस नहीं दिख रही थी। उन्होंने तो मलाला के मामा फैज़ मुहम्मद के हाथों गांववालों को संदेश भी भिजवा दिया था कि बच्ची के दफ़नाने का प्रबंध किया जाए। मलाला को कोमा में रखा गया था, पर इसके बावजूद उसके चेहरे व शरीर पर सूजन आ गई थी। शरीर के खास अंगों ने काम करना बंद कर दिया था। उसके गुर्दे और फेफड़े जवाब देने को तैयार थे। उसके परिवार के अनुसार वह मेडिकल रूप से लगभग मृत ही थी। उसके पिता पूरी तरह से टूटकर बिखर गए थे और अल्लाह से बार-बार यही पूछते थे कि क्या उनकी बेटी इतनी ही उम्र लेकर पैदा हुई थी और अगर नहीं तो उसे पंद्रह बरस की उम्र में दुनिया से क्यों उठाया जा रहा है। उसने तो अभी दुनिया में कुछ नहीं देखा है। डॉक्टर रेनॉल्ड्स ने मीडिया को बताया, 'वह गंभीर रूप से बीमार है। कह सकते हैं कि मौत के बहुत क़रीब है। पेशावर में जब मलाला के पिता को डॉक्टरों ने यह कहा कि वे उसके लिए दुआ करें तो उन्होंने यह अर्थ निकाला कि मलाला अब नहीं बचेगी, इसलिए वे उसे दफनाने आदि के प्रबंध करने लगे।' उन्होंने इस बात पर बल दिया कि मलाला को आगे की देखरेख के लिए लंदन लाया जाना चाहिए। हालांकि मलाला की आरंभिक सर्जरी सफल रही थी, परंतु वहां गहन आपात कक्ष की सुविधाएं उपयुक्त नहीं थीं। मलाला का मस्तिष्क हमेशा के लिए काम करना बंद कर सकता था या उसकी जान भी जा सकती थी। डॉक्टर का कहना था कि यदि वे लोग मलाला को जल्दी भला-चंगा करना चाहते हैं तो उन्हें जल्द ही उसे किसी विदेश स्थित अस्पताल में भर्ती करवा देना चाहिए। उन्होंने मलाला को बर्मिंघम ले जाने की सलाह दी। पाकिस्तानी अधिकारी चाहते थे कि वे दुनिया भर के सभी अस्पतालों की तुलना करने के बाद अपनी राय दें, परंतु ऐसा करने के लिए उनके पास समय नहीं था। उनका कहना था कि मलाला को जो भी चाहिए था, वह सब बर्मिंघम के अस्पताल में मौजूद था। डॉ. रेनॉल्ड्स ने मलाला की जान बचाने में महत्त्वपूर्ण भूमिका अदा की, पर इसके बावजूद सुरक्षा कारणों

से उनका नाम गुप्त रखा गया। जब मलाला ने स्वयं ठीक होकर उन्हें यह श्रेय लेने को नहीं कहा, तब तक डॉक्टर के सहकर्मी व मित्र तक नहीं जानते थे कि वे भी इस प्रक्रिया का एक हिस्सा रही थीं। डॉक्टर को मलाला के घोर प्रशंसकों से मिलने का मौका मिल सकता था, पर इसके बावजूद उन्होंने स्पॉटलाइट में आने से इंकार कर दिया। उन्हें यू. एन. के साथ उनकी भूमिका के लिए एंजलीना जोली के साथ डिनर का निमंत्रण आया था, परंतु उस दिन उनके पति का जन्मदिन था, इसलिए उन्होंने मना कर दिया। उन्होंने एक इंटरव्यू में कहा, 'ये सभी हस्तियां और उन्होंने जो भी किया, यह सब बहुत मायने रखता है, पर मैं यहां एक काम से आई हूं और ये मेरी दुनिया नहीं है। मैं उन सभी हस्तियों से नहीं मिलना चाहती।'

और मलाला की हालत गंभीर होती चली गई। उसके डॉक्टर तक नहीं जानते थे कि वह बचेगी भी या नहीं? अगर पंद्रह वर्षीया मलाला जीवित रहती तो वह साहस की वैश्विक प्रतीक और लड़कियों की शिक्षा के अंतर्राष्ट्रीय राजदूत के रूप में सामने आती। उसकी उल्लेखनीय कथा का एक भाग तो सभी जानते हैं, परंतु यह कभी नहीं बताया गया कि वह अस्पताल में वह मौत के कितना क़रीब आ गई थी और किस तरह डॉक्टरों के एक दल तथा पाकिस्तान के प्रभुत्वसंपन्न लोगों ने एड़ी-चोटी का जोर लगाकर, उसे मौत के पंजों से बचा लिया। मलाला के डॉक्टरों ने पहली बार बताया कि किस तरह वह संक्रमण की चपेट में आ गई थी और किस तरह सही देखरेख के अभाव में उसके अंगों ने एक-एक कर काम करना बंद कर दिया था। उन्होंने यह भी बताया कि मलाला की सर्जरी और उसके बाद के वे घंटे कितने तनावपूर्ण रहे। किस तरह जनरल अशफाक परवेज कयानी (सेना स्टाफ के चीफ) निजी रूप से पाकिस्तानी सेना की भूमिका को सकारात्मक रूप से निभा रहे थे। उन्होंने यह भी बताया कि इस ज़िंदगी और मौत की लड़ाई के बीच किस तरह, बर्मिंघम के दो डॉक्टरों ने आकर मलाला की जान बचा ली, अन्यथा उसने पेशावर के सेना अस्पताल के बिस्तर पर ही दम तोड़ दिया होता। जनरल कयानी, मलाला से पहले भी स्वात

में मिल चुके थे और उन्हें तुरंत यह अहसास हो गया था कि यह जिले में हुए एक और हमलों में से एक नहीं था, जहां अब भी तालिबानों ने काफ़ी हद तक सब कुछ अपने काबू में कर रखा था। जनरल कयानी पहचान गए थे कि किसी तरह मलाला की जान बचाई जा सकी तो वह अंधेरे में उजाला बनकर चमकेगी और साहस का प्रतीक बनकर लोगों का प्रेरणास्रोत होगी। मलाला के लिए सेना का विमान भेजा गया जबकि जाने कितने ऐसे हादसे रोज ही होते रहते थे। अस्पताल में कर्नल जुनैद ने भी मलाला का पूरा ध्यान रखा। हालांकि चार घंटे बाद अचानक उसकी हालत गंभीर होती गई। उसके दिमाग में सूजन आ रही थी और तत्काल सर्जरी की आवश्यकता थी।

डॉक्टर जुनैद के पास सर्जरी के सिवा कोई उपाय नहीं था और वे यह खतरा मोल लेने को तैयार हो गए। उन्होंने एक इंटरव्यू में बताया, 'दिमाग का जो हिस्सा इस प्रक्रिया में क्षतिग्रस्त हो सकता था। उससे मलाला के बोलने की क्षमता और दायीं टांग व दायें हाथ को वश में करने की क्षमता भी प्रभावित हो सकती थी। इस तरह यह खतरा मोल लेने का मतलब था कि यदि ऑपरेशन सफल न हुआ तो मरीज हमेशा के लिए पक्षाघात का शिकार हो सकता है।' उन्होंने मलाला के पिता से ऑपरेशन की सहमति ली और उन्हें समझाया कि यूं भी उसकी जान ख़तरे में थी और अगर वे ऑपरेशन करते हैं तो उसे बचाये जाने की संभावना बढ़ जाएगी। डॉक्टर जुनैद ने ऑपरेशन किया और आज भी रेनॉल्ड्स और कयानी कहते हैं कि अगर उस दिन डॉ. जुनैद ने यह कदम न उठाया होता तो मलाला हमारे बीच न होती। 'उस पहली सर्जरी ने मलाला की जान बचा ली। जुनैद ने हिम्मत दिखाते हुए सर्जरी की और सफल भी हुए। सही समय पर किया गया सही ऑपरेशन किसी के प्राणों की रक्षा कर सकता है और जुनैद ने ऐसा कर दिखाया है। वे हमारे लिए किसी हीरो से कम नहीं हैं।' उन दोनों डॉक्टरों ने कहा। कयानी ने साक्षात्कार में कहा, 'मलाला आज जीवित है जिसके लिए दो लोगों को श्रेय दिया जा सकता है और वे हैं: बुधवार अलसुबह सर्जरी करने वाले डॉक्टर और दूसरे हैं आर्मी स्टाफ के चीफ। अगर वे

व्यक्तिगत रूप से इस मामले की देखरेख न करते तो मलाला स्वात की घाटी में ही दफन हो जाती।' सर्जरी ने मलाला की जान तो बचाई, पर वह अब भी खतरे से बाहर नहीं थी और यहीं से कयानी और रेनॉल्ड्स की कहानी का हिस्सा आरंभ होता है।

वहीं और उसी वक़्त निर्णय लिया गया कि मलाला को पेशावर से बर्मिंघम (लंदन) भेजा जाए। वहां उसे अच्छी देखरेख मिली, पर कुछ समय तक परिवार को भी उससे दूर रखा गया। वह अस्पताल में अकेली थी। आप पंद्रह साल की ऐसी लड़की की कल्पना कर सकते हैं, जो अपने जीवन के ऐसे हृदयविदारक क्षणों में परिवार से दूर थी, जब उसे अपनों की सबसे अधिक आवश्यकता थी।

जब मलाला को गोली लगी तो पाकिस्तान के लिए उसका नाम अनजाना नहीं था, पर उस त्रासदी ने मलाला को अंतर्राष्ट्रीय सुर्खियों में ला खड़ा किया। उसे गोली लगने की घटना, पाकिस्तान के अस्पताल में सर्जरी, लंदन के अस्पताल में आरोग्य लाभ और उसके बाद उसके अभियान को वैश्विक रूप मिलने की सारी प्रक्रिया को पूरी दुनिया में मीडिया द्वारा कवर किया गया। उसे जनवरी 2013 में अस्पताल से घर भेजा गया और इसके बाद मलाला के जीवन की दिशा ऐसी बदली, जिसके बारे में, गुल मकई के नाम से तालिबानों के ख़िलाफ़ डायरी लिखने वाली मलाला ने कभी कल्पना तक नहीं की होगी। उसका नाम टाइम पत्रिका में सबसे प्रभावशाली लोगों की सूची में शामिल किया गया। 2013 में मलाला का नाम 'नोबल शांति पुरस्कार' के लिए दिया गया और उसने विचारों की स्वतंत्रता के लिए यूरोपियन संसद का 'शाकारोव पुरस्कार' पाया। 'मैं मलाला हूं' नाम से युवा पाठकों के लिए उसकी जीवनी का एक अलग संस्करण निकाला गया। जब मलाला ने एक छद्म नाम के साथ बीबीसी के लिए डायरी लिखना आरंभ किया था तो उस समय वह ग्यारह साल की थी। उसकी डायरी जनवरी से मार्च 2009 के बीच प्रकाशित हुई और पाठक यह देखकर दंग रह गए थे कि तालिबान नियंत्रित स्वात में लड़कियों की शिक्षा की दशा कितनी शोचनीय थी। आतंकवादियों ने

सैकड़ों स्कूलों को खाक कर दिया था। उन्होंने लड़कियों की शिक्षा को बुरी तरह से प्रभावित किया और यही मलाला के लिए चिंता का विषय था। मलाला को गोली इसलिए मारी गई, क्योंकि तालिबान उस सादी और सरल सी लड़की से हार गए थे, जो अपने शिक्षा के अधिकार को पाना चाहती थी। मलाला तो केवल यही चाहती थी कि उसे पढ़ने दिया जाए ताकि वह पढ़-लिख कर डॉक्टर बन सके। वह भी देश के आम बच्चों की तरह एक सामान्य जीवन जीना चाहती थी, पर जो कुछ उसे बदले में मिला, यह सब उसकी नियति नहीं थी। उसके साथ जो भी हुआ, वह बहुत बुरा और अमानवीय था। आज भी मलाला के गोली लगने की घटना के बारे में सोचकर मेरे रोंगटे खड़े हो जाते हैं। आतंकवादियों ने कितनी हृदयहीनता से एक किशोरी को गोली मार दी और फिर उसके बाद, उसके माता-पिता पर क्या बीती होगी। वह तो एक आम किशोरी के रूप में रहना चाहती थी। वह कभी सुर्खियों में नहीं आना चाहती थी। वह चाहती थी कि स्कूल और कॉलेज की पढ़ाई पूरी करे और फिर एक सफल डॉक्टर बनकर देश व समाज की सेवा करे।

5

नाम और शोहरत से भरा जीवन

मलाला युसूफ़ज़ई बड़ी होकर एक नेता बनना चाहती है। उसने कसम खाई है कि वह पाकिस्तान अवश्य वापिस आएगी। उसने उस भयंकर दुर्घटना के बाद पूरा एक वर्ष बिताकर अपने-आप को इस लायक कर लिया है कि वह फिर से हर चुनौती का सामना कर सकती है। वह पहले की हर तरह के भय, दु:ख व पीड़ा से उबर चुकी है और उसने हर संभव मेडिकल चिकित्सा को भी सहन किया है। वह सांस की नलियों, ऑपरेशन कक्षों, इंजेक्शनों, फिजियोथेरेपी, वाणी और शरीर की गतिविधि से जुड़े प्रशिक्षणों आदि की प्रक्रियाओं को पार कर यहां तक पहुंची है। उसने मौत की उन सभी धमकियों को हरा दिया है, जो नए सिरे से उसके सामने आ खड़ी हुई हैं।

मलाला युसूफ़ज़ई एक बहादुर, प्रशंसनीय, अद्‌भुत, दिलेर और जीवट वाली लड़की है। जब उसे गोली लगी तो वह मात्र चौदह वर्ष की थी। उसे सुरक्षित देशों में शिक्षा ग्रहण करने के असंख्य निमंत्रण प्राप्त हुए हैं। 'वेनिटी फेयर' नामक पत्रिका में प्रकाशित एक बड़े से प्रोफाइल में, स्वात के एक अध्यापक ने कहा, ' मलाला के अब्बा ने उसे स्वतंत्र रूप से बोलने के लिए प्रेरित किया और उसे वह सब

सीखने के लिए प्रोत्साहित किया, जो वह सीख सकती थी।' मलाला पर एक वृत्तचित्र बना। उसे अनेक पुरस्कारों से नवाजा गया। उसने यू.एस. के विशेष राजदूत रिचर्ड हॉलब्रूक से भी भेंट की और अपनी भेंट में उनसे आग्रह किया कि वे उनके प्रांत में महिलाओं व लड़कियों के लिए कुछ करें, जो पढ़ना चाहती हैं। जब मलाला वापिस स्वात पहुंची तो वहां तालिबानों का नियंत्रण कुछ घट गया था और इसी सुरक्षा को देखते हुए स्कूल खोल दिए गए थे, परंतु मलाला और उसके परिवार को धमकियां मिलने का सिलसिला नहीं थमा। 9 अक्टूबर, 2012 का दिन आया और तालिबानों ने अपनी धमकियों को अमली जामा पहना दिया। उन्होंने बेहिचक मासूम मलाला और उसकी सहेलियों पर गोलियां बरसा दीं। तालिबानों ने कहा कि मलाला धर्मनिरपेक्ष शिक्षा का प्रचार कर रही थी। उन्होंने धमकी दी कि वे दोबारा उस पर हमला करेंगे। गोली मलाला की बायीं भौंह को चीरते हुए कंधे में जा लगी। मलाला को पूरे विश्व का समर्थन मिला और पाकिस्तान के सेना अस्पताल में इलाज के बाद, उसे यू.के. के 'क्वीन एलिजाबेथ अस्पताल' में भर्ती करवाया गया। वहां उसे विशेष देखरेख दी गई। उसके भीतर टाइटेनियम प्लेट फिट करने के साथ-साथ खोपड़ी में कोक्लीयर भी इंप्लांट किया गया ताकि उसे सुनने में मदद मिल सके। वह मार्च से एजबेस्टन हाई स्कूल जाने लगी और उसके अब्बा को बर्मिंघम के पाकिस्तानी वाणिज्य दूतावास में तीन साल के लिए नौकरी मिल गई, परंतु मलाला ने अपने अभियान को जारी रखा और उसे सारी दुनिया में ले गई।

उसके नाम से एक फंड स्थापित किया गया, जो पूरी दुनिया में उन औरतों व लड़कियों की मदद करता है, जो पढ़ना चाहती हैं। मलाला नाईजीरिया में प्रेसीडेंट गुडलक जोनाथन से मिली और उन दो सौ लड़कियों की रिहाई के लिए आवाज़ उठाई, जिन्हें बोको हरम इस्लामिक आतंकवादियों द्वारा बंधक रखा गया था। यह सब उस लड़की से एकदम अलग था, जिसने चार साल पहले अपनी डायरी में लिखा था, 'आज मैंने बीबीसी उर्दू के लिए लिखी गई अपनी डायरी

पढ़ी। मेरी मां को मेरा नाम गुल मकई अच्छा लगा। मुझे भी यह नाम पसंद है, क्योंकि मेरे असली नाम का वास्तविक अर्थ है 'दु:खों से त्रस्त'।' जब मलाला ने पहली बार विदेश स्थित स्कूल जाना प्रारंभ किया तो उसने कहा कि उसके जीवन के सबसे महत्त्वपूर्ण दिनों में से एक था। उसने कहा, 'शायद यह मेरे लिए सबसे खुशी के क्षण हैं कि मैं स्कूल वापिस जा रही हूं, मैंने यही तो सपना देखा था। सभी बच्चों को स्कूल जाने का मौका मिलना चाहिए, क्योंकि यह उनका बुनियादी हक है। मुझे यह वर्दी पहनते हुए बहुत ही गौरव का अनुभव हो रहा है और यह सिद्ध करता है कि मैं एक छात्र हूं और मैं अपना जीवन जीते हुए, कुछ सीखने जा रही हूं।' मलाला नवीं कक्षा में है और वह अगले साल अपना जीसीएसई पाठ्यक्रम आरंभ करेगी। उसने कहा कि वह राजनीति और कानून की शिक्षा ग्रहण करना चाहती है।

एक सामान्य किशोरी

हैडमिस्ट्रेस डॉ. रूथ वीक्स ने कहा कि मलाला को स्कूल में स्थिरता की आवश्यकता होगी। वह एक सामान्य किशोरी की तरह जीना चाहती है और उसे अपने आसपास की लड़कियों से इस काम के लिए मदद भी मिल रही है।

पाकिस्तान में तालिबानों ने मि. युसूफ़ज़ई और मलाला को फिर जान से मारने की धमकी दी है। मलाला के साथ पूरी दुनिया है। जब उसे नोबल शांति पुरस्कार देने की बात चली तो पूरी दुनिया से लोगों ने ऑनलाइन अर्जी पर हस्ताक्षर किए और उसका पक्ष लेते हुए कहा कि उसे शांति का नोबल पुरस्कार निश्चित रूप से दिया जाना चाहिए।

जब मलाला का जन्म हुआ तो उसके पिता ने अन्य पश्तून परिवारों की तरह एक लड़की का जन्म होने का अफसोस नहीं किया था। उन्होंने परिवार व मित्रों से खुशियां मनाने को कहा और अपने खानदान के वंशवृक्ष में उसका नाम लिखा, जबकि उसमें केवल लड़कों का ही नाम लिखा जाता है। मलाला में अल्पायु से ही न्याय बुद्धि विकसित हो गई थी। जब वह छोटी थी तो उसने एक बार कुछ बच्चों को कचरे

के ढेर पर रहते देखा। उसने अल्लाह के नाम एक खत में लिखा, 'अल्लाह, मुझे ताकत और साहस देना। मैं इस दुनिया को बहुत ही मुकम्मल बनाना चाहती हूं।'

मलाला की घाटी हमेशा से कट्टरपंथी सोच वाली रही है। उसे याद है कि उसे अपना मुंह ढांपकर निकलना अच्छा नहीं लगता था। उसे यह देखकर गुस्सा आता था कि सारे मर्द और लड़के अपनी मर्जी से कहीं भी और कभी भी घूम सकते थे, उसकी अम्मी किसी मर्द संबंधी के बिना घर से बाहर नहीं जा सकती थी, फिर भले ही उनके साथ पांच साल का बच्चा ही क्यों न हो! पर उसके शांतिप्रिय प्रांत में असली ख़तरा तो तब मंडराया, जब वह दस साल की थी। वह ख़तरा तालिबानों के रूप में आया था। तब मलाला ने कहा, 'मुझे तालिबानों से भय नहीं था। मुझे भय इस बात का था कि वे लड़कियों के स्कूल बंद कर रहे थे। लड़कियों की शिक्षा पर पाबंदी लगा रहे थे।' स्कूल बंद कर दिए गए, कइयों को बम से उड़ा दिया गया। मरे हुए लोगों के शव चौक पर एकत्र करके रख दिए जाते। तालिबान के स्थायी नेता ने अपने रेडियो शो के माध्यम से उन लड़कियों के नाम बधाई संदेश भेजा, जिन्होंने स्कूल से अपना नाम कटवा लिया था। मलाला के अब्बा जिस स्कूल को चलाते थे, वह खुला रहा, पर सुरक्षा के लिहाज़ से बोर्ड हटा दिया गया और लड़कियों से कहा गया कि वे स्कूल की वर्दी में न आएं अन्यथा वे तालिबानों का निशाना बन सकती थीं।

और फिर ऐसा वक़्त आया, जब मलाला सही मायनों में अफगानिस्तान की लोकगाथाओं की लोकप्रिय नायिका मलालई की तरह मलाला बनी। जब उसे गोली लगी तो कोई भी पत्रकार उस घटना का सही ब्यौरा देने का साहस न कर सका। उस समय मलाला स्वयं आगे आई और उसने कहा कि वह कभी भी उस मौके को खोना नहीं चाहेगी। अगर आतंकवाद के खिलाफ वह नहीं बोलेगी तो और कौन बोलेगा। उसका यह कहना था कि अगर हम चुपचाप अत्याचार सहते रहेंगे तो एक दिन यही अत्याचारी हम पर राज करेंगे और हम अपना सब कुछ खो देंगे। मलाला ने गुल मकई के नाम से, खुलकर आतंकवाद को

चुनौती दी। हालांकि कुछ लोगों ने मना किया और कुछ ने उसके अब्बा की आलोचना भी की कि उन्होंने अपनी बेटी को ऐसे जोख़िम भरे काम में क्यों डाला, पर मलाला को कोई चिंता नहीं थी। उसे लगता था कि तालिबानी एक लड़की पर हाथ नहीं उठा सकते।

जब मलाला अस्पताल में थी तो पूरी दुनिया में लोग उसकी सलामती की दुआ कर रहे थे। उसके नाम से हज़ारों खत आए। एक खत में तो केवल यही संबोधन था, 'उस लड़की के नाम, जिसे सिर में गोली मारी गई, बर्मिंघम।' और लोग हर जगह यही पूछते दिखाई देते- 'क्या वह ठीक हो जाएगी? क्या वह फिर से एक आम ज़िंदगी जी सकेगी?'

पता चला कि केवल आम बनना ही मलाला के जीवन का लक्ष्य नहीं था। जिस साल उस पर हमला हुआ, उसने लड़कियों की पढ़ाई की हिमायत करते हुए भाषण दिए, लिखा और अपने तरीके से यह जंग लड़ी, इस तरह वह दुनिया में लड़कियों की शिक्षा के प्रमुख पक्षधर के रूप में सामने आई। यह सब सामान्य नहीं, बल्कि असाधारण था।

जुलाई में संयुक्त राष्ट्र की आम सभा में उसका वक्तव्य सुन सारी सभा ने खड़े होकर स्वागत किया। उसने कहा, 'एक बच्चा, एक अध्यापक, एक कलम और एक पुस्तक, इस पूरी दुनिया को बदल सकते हैं' इसके बाद उसने सीरिया के बच्चों के साथ स्काइप पर बात की, 'मैं मलाला हूं' नामक संस्मरण लिपिबद्ध किए। जॉन स्टीवर्ट और बराक ओबामा से भेंट की और नोबल शान्ति पुरस्कार के लिए मनोनीत होने वाली अल्पायु युवती कहलाई। इन सबके दौरान उसका केंद्र एक ही था, 'लड़कियों को स्कूल जाने दो।'

सारी दुनिया में करीब 66 मिलियन लड़कियां शिक्षा पाने के अधिकार से वंचित हैं। विद्वानों ने कहा कि अगर यह स्थिति सुधारी जा सके तो वाकई मनुष्य जाति के इतिहास को बदला जा सकता है। 'हाफ द स्काई' के सह-लेखक शेरिल वुडुन के शब्दों में, 'जब आप लड़कों को शिक्षा प्रदान करते हैं तो आप लड़कों को शिक्षा प्रदान करते हैं, पर

जब आप लड़कियों को शिक्षा प्रदान करते हैं तो आप पूरे गांव को पढ़ाते हैं।' शिक्षित लड़कियां यौन शोषण तथा बाल विवाह जैसी कुरीतियों से बची रहती हैं; वे अपने बच्चों की पढ़ाई पर भी ध्यान देती हैं। मलाला इस बात के इस्लाम पक्ष को भी स्पष्ट करते हुए कहती है, 'इस्लाम हमें कहता है कि हर लड़के और लड़की को पढ़ना चाहिए। मैं नहीं जानती कि तालिबान इस बात को भूल क्यों गए हैं?'

मलाला अपने इसी जुनून और दुनिया में बदलाव लाने के संकल्प के कारण ही 'ग्लैमर्स 2013 वूमंस ऑफ द ईयर' चुनी गई। मलाला फंड में आ रहा पैसा, सारी दुनिया में उन सभी बच्चों को उनका अधिकार दिलाने के लिए प्रयोग में लाया जा रहा है, जो अभी तक शिक्षा का अधिकार पाने से वंचित हैं। इस फंड द्वारा हाल ही में स्वात घाटी में 40 लड़कियों की शिक्षा के लिए अनुदान दिया गया है। इस उपलब्धि से मलाला बहुत ही रोमांचित है, जो चाहती है कि ऐसी मदद दूसरे प्रांतों व देशों में भी दी जाए। उसका कहना है कि अगर दुनिया की आधी जनसख्या पाषाण युग में जिएगी तो कुछ नहीं हो सकता। अगर लड़कियां शिक्षित होंगी तो पूरी दुनिया में वाकई बदलाव आएगा।

मलाला की अपनी दुनिया भी पूरी तरह से बदल गई है। वह एक छोटे से प्रांत से निकलकर वैश्विक मंच पर आ गई है। वह किसी भी अच्छे कॉलेज में पढ़ने जाना चाहती है जैसे ऑक्सफोर्ड, हार्वर्ड या कैम्ब्रिज आदि। वह पाकिस्तान की भूतपूर्व प्रधानमंत्री बेनजीर भुट्टो को अपने आदर्शों में से एक मानती है और यू.एन. संबोधन के दौरान उसने उनका ही स्कार्फ पहना था।

वृत्तचित्र के बाद, मलाला युसूफ़ज़ई का साक्षात्कार राष्ट्रीय पश्तो भाषा के स्टेशन 'एवीटी खैबर', उर्दू भाषा के दैनिक 'आज' तथा कनाडा के 'टोरंटो स्टार' पर भी दिखाया गया। 19 अगस्त, 2009 को वह 'कैपीटल टॉक' में दिखाई दी। दिसंबर 2009 तक उसकी बीबीसी डायरी भी समाचार पत्रों में प्रकाशित हो चुकी थी। वह टी.वी पर सार्वजनिक रूप से आकर, लड़कियों की शिक्षा की हिमायत करने लगी थी।

अक्टूबर 2011 में एक दक्षिण अफ्रीकी एक्टिविस्ट आर्कबिशप डेसमंड टुटु ने डच इंटरनेशनल चिल्ड्रंस एडवोकेसी ग्रुप किड्स राईट फाउंडेशन के 'इंटरनेशनल चिल्ड्रन पीस प्राइज' के लिए मलाला का नाम चुना। वह पहली पाकिस्तानी लड़की थी, जिसे इस पुरस्कार के लिए मनोनीत किया गया। घोषणा की गई, 'मलाला ने अपने व दूसरी लड़कियों के लिए खड़े होने का साहस दिखाया और राष्ट्रीय व अंतर्राष्ट्रीय मीडिया की मदद से दुनिया को दिखा दिया कि लड़कियों को भी स्कूल जाने का अधिकार दिया जाना चाहिए।' वह पुरस्कार दक्षिण अफ्रीका के माईकला माइक्रॉफ्ट ने जीता।

जब दो माह बाद, दिसंबर में उसे पाकिस्तान के पहले 'राष्ट्रीय युवा पुरस्कार' से सम्मानित किया गया तो वह सार्वजनिक रूप से और भी लोकप्रिय हो गई। 19 दिसंबर, 2011 को प्रधानमंत्री युसूफ रज़ा गिलानी ने उसे वह पुरस्कार प्रदान किया। मलाला ने अपने सम्मान में रखे गए कार्यक्रम में कहा कि वह किसी राजनीतिक दल से संबंध नहीं रखती, परंतु वह आगे चलकर अपना राष्ट्रीय दल अवश्य बनाएगी, जो शिक्षा के प्रचार-प्रसार का बीड़ा उठाएगा। 2012 तक मलाला, 'मलाला एजुकेशन फाउंडेशन' को स्थापित करने की योजना बना रही थी, जो निर्धन लड़कियों को शिक्षा दिलवाने में सहायक होता। उसी वर्ष जुलाई में, उसने नेशनल मार्किस्ट समर स्कूल में हिस्सा लिया और पाकिस्तानी आईएमटी की 32वीं कांफ्रेंस को संबोधित किया। उसने उन्हें धन्यवाद देते हुए कहा कि इस तरह उसे मार्क्सवाद और समाजवाद को स्पष्ट रूप से समझने में मदद मिली।

मलाला की लोकप्रियता बढ़ती गई और उसके लिए ख़तरा भी बढ़ता गया। समाचारपत्रों में उसे जान से मारने की धमकियां प्रकाशित होतीं या उसके घर भेजी जातीं। वह फेसबुक से जुड़ी थी। उसे फेसबुक पर भी मारने की धमकियां मिलने लगीं। उसके नाम से कई झूठे प्रोफाइल बना दिए गए। जब इनमें से कोई चाल कारगर नहीं रही तो एक तालिबानी प्रवक्ता ने कहा कि उन्हें मजबूरन ऐसा करना पड़ा। 2012 की गर्मियों के दौरान तालिबानों की एक सभा में सर्वसम्मति से

उसे जान से मारने का निर्णय लिया गया। 9 अक्टूबर, 2012 को उन्होंने अपने निर्णय को अमली जामा पहनाते हुए, मलाला को उस समय गोली मार दी, जब वह अपनी सहेलियों के साथ स्कूल बस से घर लौट रही थी। नकाबपोश बंदूकधारी चिल्लाया, 'तुममें से मलाला कौन है? बोलो वरना मैं सबको मार दूंगा।' और जब मलाला की पहचान हो गई तो उसने उसे गोली मार दी। उसे एक गोली लगी, जो उसके सिर और गले से होते हुए कंधे में जा अटकी। दो अन्य लड़कियां भी गोली लगने से घायल हुईं।

उन दोनों ने प्राथमिक चिकित्सा के बाद पत्रकारों को हमले का आंखों देखा हाल सुनाया। मलाला को विमान द्वारा विदेश ले जाया गया और वहां चिकित्सा के बाद मलाला 17 अक्टूबर, 2012 को होश में आई। वह इलाज के लिए उचित प्रतिक्रिया दे रही थी और डॉक्टरों ने यह तसल्ली भी दी कि उसके दिमाग को किसी तरह से कोई नुकसान नहीं हुआ था। 20 और 21 अक्टूबर को बताया गया कि उसकी हालत पहले से बेहतर थी, पर वह अब भी संक्रमण की चपेट में थी। 8 नवंबर को उसकी एक तस्वीर मीडिया में आई, जिसमें वह पलंग पर अपने परिवार से घिरी बैठी थी।

3 जनवरी, 2013 को मलाला को अस्पताल से छुट्टी दी गई और उसका परिवार अस्थायी रूप से वेस्ट मिडलैंड्स में रहने लगा। 2 फरवरी को उसका पांच घंटे लंबा ऑप्रेशन हुआ, जिसमें उसकी खोपड़ी को सही तरीके से जमाने के बाद श्रवण क्षमता में सुधार के लिए भी काम किया गया।

प्रतिक्रिया

इस हत्या के प्रयास को मीडिया ने दिखाया और लोगों के बीच गुस्से व सहानुभूति की लहर दौड़ गई। अनेक पाकिस्तानी शहरों में हमले के एक दिन बाद, विरोध में जुलूस निकाले गए और 2 मिलियन से अधिक लोगों ने शिक्षा के अधिकार अभियान के आवेदन पर अपने हस्ताक्षार किए, जिससे पाकिस्तान में पहले शिक्षा के अधिकार बिल

का सत्यापन किया गया। पाकिस्तानी अधिकारियों ने कहा कि हमलावरों की ख़बर लाने वाले को दस मिलियन रुपए पुरस्कार के रूप में दिए जाएंगे। मलाला की सुरक्षा के बारे में जवाब देते हुए उसके पिता ने कहा, 'मेरी बेटी जीवित रहे या न रहे हम अपना देश नहीं छोड़ेंगे। हमारी विचारधारा शांति की समर्थक है। तालिबान अपनी गोली के जोर पर सारे आज़ाद स्वरों को दबा नहीं सकते।'

पाकिस्तान के प्रेसीडेंट आसिफ अली ज़रदारी ने इस निंदनीय घटना के लिए कहा कि यह सभ्य लोगों पर किया गया आक्रमण था। यू.एन. सचिव जनरल बान की मून ने इसे एक घृणित और कायरतापूर्ण कृत्य कहा। यू. एस. प्रेसीडेंट बराक ओबामा ने इस घटना को घृणित, त्रासदीपूर्ण तथा निंदनीय कहा, जबकि राज्य सचिव हिलेरी क्लिंटन ने कहा कि मलाला ने बहुत बहादुरी से लड़कियों के हक के लिए आवाज़ उठाई थी और हमलावर उसकी ताकत के आगे हार गए थे। ब्रिटिश विदेश सचिव विलियम हॉग ने इसे बर्बरतापूर्ण कहा और यह भी कहा कि इस घटना ने पाकिस्तान और पूरे देश को स्तब्ध कर दिया है।

जिस दिन मलाला को गोली लगी, उसी दिन अमेरिकी गायिका मैडोना ने अपने लॉस एंजेल्स स्थित कंसर्ट में 'ह्यूमन नेचर' नामक गीत मलाला को समर्पित किया और अपनी पीठ पर अस्थायी रूप से मलाला का टैटू भी बनवाया। अमेरिकी अदाकारा एंजलीना जोली ने एक लेख लिखा, जिसमें वह अपने बच्चों को संबोधित करते हुए प्रश्नोत्तर शैली में बात करती हैं, जैसे- 'उन लोगों को ऐसा क्यों लगा कि उन्हें मलाला को मार देना चाहिए?' बाद में जोली ने मलाला फंड के लिए 200,000 डॉलर की राशि दान के रूप में दी। यू.एस. की भूतपूर्व प्रथम महिला लारा बुश ने 'वाशिंगटन पोस्ट' में लिखते हुए मलाला की तुलना एनी फ्रेंक से की। भारतीय निर्देशक अमजद खान ने घोषणा की कि वे मलाला युसूफज़ई की जीवनी पर आधारित एक फिल्म बनाएंगे।

पाकिस्तान में तालिबान प्रवक्ता एहसानउल्ला एहसान ने हमले की जिम्मेवारी लेते हुए कहा कि मलाला काफ़िर है और निर्लज्जता का

प्रतीक है। उसने यह भी कहा कि अगर वह जीवित रही तो उसे दोबारा निशाना बनाया जाएगा। तालिबान ने इस मामले में अपने-आप को जायज ठहराते हुए कहा कि मलाला के अब्बा ने उसका दिमाग ख़राब कर दिया था : 'हमने कई बार मलाला के अब्बा को चेतावनी दी थी कि वह अपनी बेटी को हमारे ख़िलाफ़ गलत शब्दों व बुरी भाषा का इस्तेमाल करने से रोके, पर उसने एक नहीं सुनी और हमें मजबूर होकर यह कठोर कदम उठाना पड़ा।' तालिबान ने अपनी सफाई में कुरान का हवाला भी दिया और कहा कि इस्लाम और इस्लाम की ताकत का विरोध करने वाले लोगों को जान से मार देना चाहिए और शरीआ का कहना है कि अगर एक बच्चा भी इस्लाम के ख़िलाफ़ प्रचार करे तो उसे भी जीवित नहीं छोड़ना चाहिए।

12 अक्टूबर, 2012 को पाकिस्तान में पचास मौलवियों ने उस तालिबान के ख़िलाफ़ फतवा जारी कर दिया, जिसने मलाला को मारने का प्रयास किया था। सुन्नी इत्तहाद कौंसिल के इस्लामी विद्वानों ने सार्वजनिक रूप से पाकिस्तानी तालिबानों की निंदा की, जो अपने इस बर्बर कृत्य को धर्म व अल्लाह की आड़ में छिपाना चाह रहे थे।

हालांकि पूरे पाकिस्तान में इस हमले की भरपूर निंदा हुई, परंतु कुछ सीमांत पाकिस्तानी राजनीतिक दलों और कट्टर नेताओं ने कई तरह की अफवाहें फैला दीं कि यह हमला अमेरिका की सीआईए एजेंसी द्वारा करवाया गया था ताकि उसे अपने द्वारा किए जा रहे हमलों की सफाई मिल जाए और वह उन्हें जारी रख सके। 'तहरीक-ए-तालिबान पाकिस्तान और कुछ दूसरे तालिबान समर्थक तत्त्वों ने मलाला को एक अमेरिकी जासूस का नाम दिया।

मलाला ने सबके लिए शिक्षा पर बल दिया, परंतु उसने तालिबानों और सभी आतंकवादियों के बच्चों की शिक्षा पर विशेष रूप से ध्यान देने को कहा। उसने अपने आध्यात्मिक व सामाजिक मार्गदर्शकों के रूप में मुहम्मद, जीसस, बुद्धा, मार्टिन लूथर किंग, गांधी तथा मदर टेरेसा का नाम लिया जिन्होंने उसे अहिंसा के पथ पर चलना सिखाया। 'मुझे तो यहां तक कि उस तालिबान से भी घृणा नहीं है, जिसने मुझ

पर गोली चलाई। अगर मेरे हाथ में बंदूक होती और उस आदमी को मेरे सामने खड़ा कर दिया जाता, तो भी मैं उस पर कभी गोली न चलाती।' मलाला ने जो डायरी लिखी, वह तालिबानों के रोष का कारण बनी। उनका कहना था कि वे स्वात में इस्लामी कानून को लागू करना चाह रहे थे और मलाला उसमें बाधा दे रही थी। जब मलाला को गोली लगी तो उसके बाद एक तालिबानी आतंकवादी द्वारा सार्वजनिक रूप से एक पत्र लिखा गया, जो पाकिस्तान के सबसे कुख्यात आतंकवादियों में से था। उसे परवेज मुर्शरफ को मारने की योजना में शामिल होने के कारण बंदी बनाया गया, उससे पहले वह पाकिस्तानी वायुसेना में था। वह पिछले साल जेल से उस समय भाग निकला, जब बहुत से कैदियों ने मिलकर यह कदम उठाया और सफल रहे। अब उसे कई विद्वानों व दार्शनिकों के उद्धरणों के साथ ख़त लिखने का शौक चर्राया है। वह अपने ख़तों में रसेल और मैकाले की कही बातों के संदर्भ देता है। उसने लिखा, 'वे सभी इंसानों को अंग्रेज क्यों बनाना चाहते हैं? क्योंकि अंग्रेज यहूदियों के समर्थक व गुलाम हैं।' रशीद ने अपने ख़त में जोर देते हुए कहा कि तालिबान शिक्षा के ख़िलाफ़ नहीं हैं, वे उस शिक्षा तंत्र का विरोध करते हैं, जो पाकिस्तानियों को गुलाम बना देगा और फिर इस्लाम के लिए कोई जगह नहीं बचेगी। उसने यह भी कहा कि अगर मलाला को सीआईए द्वारा किए जा रहे हमलों में चोट आती तो क्या तब भी उसे इतनी ही तवज्जो दी जाती?

'क्या तुम्हें राष्ट्र की बेटी के नाम से जाना जाता? क्या मीडिया तुम्हारे पीछे भागता?' ख़त के अंत में मलाला को निमंत्रण दिया गया है कि वह वापिस आकर अपने पश्तून लोगों की संस्कृति को अपना ले, जो कि अफगानिस्तान की सीमा के साथ लगती है।

'अंत में मैं तुम्हें सलाह देता हूं कि तुम अपने घर लौट आओ, इस्लाम व पश्तून संस्कृति को अपना लो, किसी भी लड़कियों के मदरसे में नाम लिखवा लो, जो तुम्हारे घर के पास हो, वहां अल्लाह

की पाक किताब पढ़ो, अपने लेखन को इस्लाम और मुस्लिम उम्माह का दु:ख व्यक्त करने के लिए इस्तेमाल करो और उन तथाकथित सभ्य लोगों की पोल खोलो, जो नए सांसारिक कानून के नाम पर सारी मानवता को अपना गुलाम बनाकर अपने स्वार्थी हितों की पूर्ति करना चाहते हैं।' यह ख़त पत्रकार सलीम मसूद को मिला और उन्होंने कहा कि तालिबानी मलाला को गोली मारने को वाजिब ठहराना चाहते हैं। वे चाहते हैं कि उनका यह ख़त अधिक-से-अधिक लोगों तक पहुंचे।'

एक जगह रशीद यह भी लिखता है कि काश वह हमला कभी हुआ ही न होता। 'मेहरबानी करके ध्यान देना कि तालिबानों ने तुम्हें इसलिए नहीं मारा कि तुम स्कूल जा रही थी या तुम्हें पढ़ना पसंद है, तालिबान या मुजाहिद्दीन शिक्षा का विरोध नहीं करते। तालिबान मानते हैं कि तुम जान-बूझकर उनके ख़िलाफ़ लिख रही थीं और स्वात में उनके द्वारा इस्लामी कानून की स्थापना के प्रयासों को समाप्त करने के लिए अभियान चला रही थीं। तुम्हारा लेखन लोगों को भड़काने का काम कर रहा था।'

मैं मलाला हूं

मैं मलाला हूं: उस लड़की की कहानी, जो शिक्षा के समर्थन में खड़ी हुई और जिसे तालिबान ने गोली मारी। यह पुस्तक सह-लेखक अंग्रेज पत्रकार क्रिस्टीना लैम्ब के साथ लिखी गई, जिसे यू.एस में 'लिटिल ब्राउन एंड कंपनी' तथा यू.के. में 'विडनफील्ड एंड निकोल्सन' द्वारा अक्टूबर 2013 में प्रकाशित किया गया। 'द गार्डियन' के एक समीक्षक ने पुस्तक को 'निर्भीक' कहा। इस पुस्तक को हर स्थान पर मिश्रित समीक्षाएं मिलीं और सभी ने मलाला के साहस की भूरि-भूरि प्रशंसा की। यह पुस्तक कन्नड़, तमिल, मलयालम व मराठी भाषा में भी प्रकाशित की गई है।

ऑल पाकिस्तान प्राइवेट स्कूल फेडरेशन ने यह ऐलान किया कि उनकी 152000 सदस्य संस्थाओं में इस पुस्तक पर पाबंदी लगाई जा रही है। क्योंकि यह इस्लाम की अवमानना करती है और नकारात्मक

परिणाम देने वाली है। पाकिस्तान के खोजी संपादक ने कहा कि मलाला ने यह पुस्तक लिखकर, आलोचकों के इस संदेह को पुष्ट कर दिया है कि वह पश्चिम की एक एजेंट है, जो इस्लाम और पाकिस्तान के ख़िलाफ़ काम कर रही है।

पाकिस्तान में स्वागत

मलाला के अपने घर में स्वागत की प्रतिक्रिया मिली-जुली रही। 'डॉन' स्तंभकारा **हुमा युसूफ** ने मलाला के आलोचकों की तीन प्रमुख शिकायतों व उलाहनों का हवाला देते हुए कहा, 'मलाला की ख्याति ने पाकिस्तान के सबसे नकारात्मक पहलू को उजागर किया (आतंकवाद का जोर); उसके शिक्षा अभियानों में पश्चिमी एजेंडा झलकता है; पश्चिम द्वारा उसके प्रति सहानुभूति एक दिखावा लगता है, क्योंकि उन्होंने कभी उन मासूमों के लिए तो ऐसी सहानुभूति नहीं दिखाई, जो उनके द्वारा किए गए हमलों में शिकार हुए हैं।' 'डॉन के एक और स्तंभकार **सीरिल अलमीदिया** ने कहा कि लोगों में तहरीक-ए-तालिबान के खिलाफ रोष का अभाव है, उसने सरकार को इसके लिए दोषी ठहराया। पत्रकार **असद बेग** का कहना है कि मलाला को पश्चिमी साम्राज्यवाद को उचित ठहराने के लिए इस्तेमाल किया गया, उनके अनुसार मलाला गोरों के लिए परोक्ष रूप से सहायक हुई। सोशल मीडिया पर भी मलाला को सीआईए का गुप्तचर कहा गया।

पुरस्कार व सम्मान

मलाला को निम्नलिखित पुरस्कारों व अंतर्राष्ट्रीय सम्मानों से सम्मानित किया गया है:

2011 इंटरनेशनल चिल्ड्रन पीस प्राइज (मनोनीत)

पाकिस्तानी लड़की ने सारी दुनिया को हिलाकर रख दिया है। 'मैं ऐसी दुनिया में जीना चाहती हूं जहां सबको शिक्षा पाने का पूरा अधिकार मिल सके।'

एक स्वतंत्र विशेषज्ञ दल ने मलाला को सर्वसम्मति से इस पुरस्कार के लिए चुना और कहा गया, 'मलाला बच्चों व बड़ों, दोनों के लिए ही प्रेरणास्रोत रही है। उसने दिखा दिया है कि बच्चे भी अपनी बात मनवाने का दम रखते हैं और सारी दुनिया को सही व गलत की पहचान करवा सकते हैं। उसके संघर्ष ने यह सुनिश्चित कर दिया है कि सारी दुनिया के लड़कियों को शिक्षा का अधिकार दिया जाए। मलाला का यह साहस वाकई प्रशंसनीय है...।'

मलाला: 'समाधान बहुत ही सरल है- हर लड़की को शिक्षा पाने का अधिकार दिया जाना चाहिए।'

मलाला ने जो 'चिल्ड्रन पीस प्राइज' प्राप्त किया' जो कि पूरी दुनिया में उन सभी लड़कियों की हिमायत करता था, जो शिक्षा प्राप्त करने के अधिकार से वंचित कर दी गई थीं। इसके कारण ही मलाला को अपनी बात कहने के लिए वैश्विक मंच प्राप्त हुआ। उसने कहा, 'नीदरलैंड हो या यू.के., जहां मैं इस समय शिक्षा ग्रहण कर रही हूं, वहां बच्चों को शिक्षा के बहुत ही बेहतर अवसर प्रदान किए जाते हैं और यही वास्तव में होना भी चाहिए। मैं एक ऐसी दुनिया में रहना चाहती हूं, जहां सबको शिक्षा पाने के समान अवसर मिलें और कोई भी निरक्षर न रहे।'

यमन के नोबल शांति पुरस्कार विजेता **तवाकोल कारमान** ने मलाला को नकोसी की मूर्ति थमाई। मलाला को पाकिस्तान में लड़कियों की शिक्षा के लिए आरंभ हो रही परियोजनाओं के लिए बहुत प्रसन्नता हुई। उस समारोह में मलाला के साथ ही अनेक गणमान्य हस्तियां, राजनेता व विद्वान आदि शामिल थे।

किड्स राईट्स तथा लीडन विश्वविद्यालय द्वारा मिलकर एक शोध किया गया कि 32 मिलियन लड़कियां शिक्षा प्राप्ति से वंचित क्यों हैं?

लीडन विश्वविद्यालय के कानून विभाग के साथ मिलकर यह निष्कर्ष निकाला गया कि पूरी दुनिया में 32 मिलियन लड़कियों को अब भी शिक्षा पाने के अवसर नहीं मिल पाते, जिसके लिए तीन बड़ी चुनौतियों का सामना करना होगा। परिवार में लड़कियों की पारंपरिक

भूमिका आड़े आती है। शिक्षा पर होने वाला व्यय तथा घर से स्कूल के मार्ग में व स्वयं स्कूल में ही असुरक्षा का वातावरण! यदि लड़कियों को शिक्षा मिलेगी तो उनके स्वास्थ्य पर अनुकूल प्रभाव होगा, घर की आय में वृद्धि होगी और रोजगार के बेहतर अवसर उपलब्ध होंगे। जच्चा और बच्चा की मृत्यु दर में कमी आएगी, पारिवारिक बंधन मजबूत होंगे और अल्पायु में होने वाले विवाहों पर रोक लगेगी।

यदि स्कूल न जाने वाले बच्चों की बात करें तो इस सूची में पाकिस्तान का नाम भी बड़े बदतर हालात के साथ लिया जाता है। वहां पाकिस्तानी सरकार ने लड़कियों की शिक्षा के लिए बहुत-सी पहल की हैं, पर इसके बावजूद 3.2 मिलियन लड़कियां स्कूल नहीं जातीं। संघर्ष से गुज़र रहे इलाकों में शिक्षा मुहैया कराना ज्यादा बड़ी चुनौती है। हम पाकिस्तान सरकार से आग्रह करते हैं कि वह इस कार्य के लिए मुक्त मन से अन्य एनजीओ तथा अंतर्राष्ट्रीय समुदाय की सहायता स्वीकार करे।

मार्क डुलार्ट इस कार्य के लिए विश्व नेताओं को आगे आने के लिए कहते हैं, 'जैसा कि 189 देशों द्वारा मिलेनियम लक्ष्य में तय किया गया था कि 2015 तक सभी बच्चों को शिक्षा पाने का अवसर मिलना चाहिए और लड़के और लड़कियों को भी समान अधिकार दिए जाने चाहिए। अगर हमने तत्परता न दिखाई तो ऐसा जान पड़ता है कि हम अपना लक्ष्य खो देंगे, क्योंकि अब भी क़रीब 57 मिलियन बच्चे स्कूल जाने से वंचित हैं।

यूनेस्को द्वारा दी गई एक रिपोर्ट में कहा गया कि पाकिस्तान उन दस देशों में सबसे निचले नंबर पर है, जहां पाकिस्तान की सात से पंद्रह वर्ष की आयु की 62 प्रतिशत लड़कियां ऐसी हैं, जो कभी स्कूल गई ही नहीं।

राष्ट्रीय युवा शांति पुरस्कार (2011)

19 दिसंबर 2011 को पाकिस्तान के प्रधानमंत्री युसूफ रज़ा गिलानी ने मलाला को राष्ट्रीय युवा शांति पुरस्कार प्रदान किया। इसे

मूल रूप से यही कहा जाता था, परंतु मलाला के सम्मान में अब इसे राष्ट्रीय मलाला शांति पुरस्कार के नाम से जाना जाता है। मलाला ने पत्रकारों से कहा कि वह अपना एक राजनीतिक दल बनाना चाहती है, जिसमें वह उन लोगों को शामिल करना चाहेगी जो बच्चों की शिक्षा के लिए कुछ करना चाहते हैं। 'मेरी पार्टी चारों प्रांतों में काम करेगी।' मलाला के आग्रह पर प्रधानमंत्री ने अधिकारियों से कहा कि महिलाओं के लिए स्वात डिग्री कॉलेज में आई. टी. कैंपस की व्यवस्था भी होनी चाहिए।

एनी फ्रेंक अवार्ड (जनवरी 2012)

मलाला को जब यह पुरस्कार देने की घोषणा हुई तो वह अपनी पढ़ाई के कारण समारोह में भाग नहीं ले सकी और उसके पिता ने उसके नाम पर यह पुरस्कार ग्रहण किया। यह पुरस्कार अदाकारा नाओमी हैरिस द्वारा दिया गया, जिन्होंने 'मंडेला, लांग वॉक टू फ्रीडम' में काम किया है।

एनी फ्रेंक ट्रस्ट के सह-संस्थापक तथा कार्यकारी निदेशक गिलियन वेल्स ने कहा, 'मलाला एक किशोरी तथा शिक्षाविद् के रूप में एक उल्लेखनीय मिसाल है और एनी फ्रेंक की तरह ही प्रेरणा प्रदान करती है।'

सितारा-ए-शुजात, पाकिस्तान का तीसरा सर्वोच्च नागरिक वीरता पुरस्कार, अक्टूबर 2012

2012 के अंत में, पाकिस्तान की 'हेराल्ड पत्रिका' तथा अंग्रेजी समाचारपत्र 'डॉन' ने पर्सन ऑफ द ईयर को जानने के लिए वोट मांगे। मलाला को सबसे अधिक संख्या में वोट मिले, जो कि कुल वोटों का तीस प्रतिशत था। प्रायः सर्वेक्षणों के माध्यम से औसत पाकिस्तानी की भावनाएं प्रकट नहीं हो पातीं, परंतु पाकिस्तानी कट्टरपंथी मध्यमवर्ग की बकवाद की तुलना में यह तरीका कहीं अधिक कारगर है। पाकिस्तानी समाज में ही ऐसे बहुत से लोग हैं, जो मलाला के त्याग को व्यर्थ मानते हैं,

वे उससे लज्जित हैं और उससे नाराज़ हैं, परंतु इससे मलाला के समर्पण, त्याग और दृढ संकल्प में कोई कमी नहीं आती। वह उन लोगों की प्रेरणा से आगे बढ़ रही है, जो यह जानते हैं कि मलाला ने अपने अदम्य साहस के बल पर अपने नि:स्वार्थ स्वप्न को साकार किया है।

बेशक मलाला पर हुए हमले के बाद से पाकिस्तानियों की सोच में अंतर आया है, पर कोई गलती न होने पर भी मलाला पर दोष लगाया गया कि उसने दुनिया को बता दिया कि पाकिस्तान के कुछ हिस्सों में तालिबान का कितना गहरा प्रभाव था। कुछ लोगों का मानना था कि दुनिया को इस बारे में पता चलना जरूरी था, जबकि कुछ लोगों का कहना है कि मलाला को अपने देश की कमियों के बारे में दूसरों को नहीं बताना चाहिए था। यह भी कितनी असाधारण-सी बात है कि पाकिस्तान का जो शहरी मध्यम वर्ग, अपने फ्री मीडिया पर गर्व करता है, उसे ही पाकिस्तानी समाज की समस्याएं दूसरों के सामने आने से तकलीफ़ होती है।

फॉरेन पॉलिसी मैगजीन, 100 वैश्विक चिंतकों में शुमार, नवंबर 2012

यह सूची पत्रिका द्वारा 26 नवंबर, 2012 में जारी की गई और मलाला उन चार पाकिस्तानियों में से एक थी, जिन्होंने इस सूची में स्थान पाया।

सामाजिक न्याय के लिए मदर टेरेसा मेमोरियल पुरस्कार, नवंबर 2012

मलाला का संदेश यू.एन. से लेकर धूल भरे स्कूलों तक गूंजा और एनजीओ व देशों की सरकारों के बीच इस मुद्दे को लेकर बहुत चर्चाएं भी हुईं। मलाला पहले ही एक प्रवक्ता थी, परंतु तालिबानों ने उसे एक शक्तिशाली प्रतीक बना दिया। सोशल मीडिया के चलते भी

मलाला को अपने अभियान के लिए बहुत मदद मिली।

भूतपूर्व ब्रिटिश प्रधानमंत्री गोर्डन ब्राउन, यू.एन. में वैश्विक शिक्षा के लिए विशेष राजदूत हैं और उन्होंने मलाला दुनिया की 50 मिलियन से अधिक उन लड़कियों के सम्मान में 10 नवंबर को मलाला दिवस घोषित किया है, जो स्कूल नहीं जा पातीं। तालिबानों ने कभी सोचा तक नहीं था कि हालात ऐसे पलटा खा जाएंगे।

तालिबान नियंत्रित इलाकों में महिलाओं के हकों के लिए आवाज़ उठाने वाली लारा बुश ने मलाला को सुनने के बाद कहा कि मलाला को अपने अभियान के लिए धनराशि एकत्र करना आता है और वह एक अच्छी वक्ता भी है। मलाला अपने पिता के साथ मिलकर मलाला फंड को चला रही है।

शांति व मानवतावादी कार्यों के लिए रोम पुरस्कार, दिसंबर 2012

मलाला को रोम की मानद नागरिकता प्रदान की गई और इटली में पाकिस्तानी राजदूत तहमीना ने मलाला के नाम पर यह दस्तावेज ग्रहण किया। मलाला को शांति व मानवतावादी कार्यों के लिए रोम पुरस्कार, दिसंबर 2012 देने की घोषणा भी की गई। मलाला के अब्बा ने उसके स्थान पर यह सम्मान ग्रहण किया।

ग्लोबल इंग्लिश के वार्षिक सर्वेक्षण में पहला नाम, जनवरी 2013

सिमोन दि बिवोर पुरस्कार, जनवरी 2013

सिमोन दि बिवोर का छठा संस्करण मलाला को प्रदान किया गया। इसे एक औपचारिक समारोह में, मेसन देल एमेरकी लैटिन में दिया गया। दुनिया के शीर्षस्थ कला व साहित्य से जुड़े लोग इस ज्यूरी में शामिल थे। जो लोग 'सिमोन दि बिवोर' की तरह महिलाओं के

अधिकारों के लिए लड़ते हैं, उन्हें यह सम्मान प्रदान किया जाता है। पुरस्कार देते समय ज्यूरी ने आशा प्रकट की कि इससे अंतर्राष्ट्रीय सद्भावना को बल मिलेगा, उन महिलाओं के अधिकारों की रक्षा होगी, जो इस संघर्ष में अपनी जान दांव पर लगाए बैठी हैं और आदर्शों व शांति की रक्षा होगी।

मैमिंजर फ्रीहीटसप्रीज 1525,मार्च 2013

यह पुरस्कार 7 दिसंबर, 2013 को ब्रिटेन के ऑक्सफोर्ड में प्रदान किया गया।

डॉटी स्ट्रीट एडवोकेसी अवार्ड ऑफ इंडेक्स ऑन सेंसरशिप, मार्च 2013

मलाला के पिता ने उसके स्थान पर यह सम्मान ग्रहण करते हुए कहा, 'मैं दुनिया के नाम एक संदेश देना चाहता हूं। मैंने कुछ भी खास नहीं किया। मैंने एक पिता होने के नाते कुछ नहीं किया, मैंने उसे केवल विचारों को प्रकट करने की आज़ादी दी। मैं सारे माता-पिता से आग्रह करता हूं कि वे अपने बच्चों को विचारों की प्रकट करने की आज़ादी दें। विचारों की आज़ादी अपने-आप में बहुत बड़ा अधिकार है। किसी भी संघर्ष का समाधान यही है कि बिलकुल उचित और सच्ची बात कही जाए।'

फ्रेड एंड एनी जार्विस अवार्ड ऑफ यू.के. नेशनल यूनियन ऑफ टीचर्स, मार्च 2013

'मलाला की कहानी ने हम सबके दिल को छुआ है और पूरी दुनिया के लिए शिक्षा के अधिकार की बात करने वाली इस बच्ची ने दिखा दिया है कि वह किसी से कम नहीं है। हम लोग इस मुहिम में उसके साथ हैं। दुनिया में बहुत से लोग असाधारण रूप से कठिन परिस्थितियों में रहते हैं। मुझे पूरा विश्वास है कि मलाला की आवाज़,

आने वाले सालों में और भी तेजी से गूंजती सुनाई देगी।'

वाइटल वाईसस ग्लोबल लीडरशिप अवार्ड, ग्लोबल ट्रेलब्लेजर, अप्रैल 2013

'मलाला इस बात की गवाह है कि अब हर स्थान पर महिलाओं को मूक बनाकर नहीं रखा जा सकता।'

परेमी इंटरनेकिओनल केटालुनया अवार्ड ऑफ कैटालोनिआ, मई 2013

ओपीईसी फंड फॉर इंटरनेशनल डेवलपमेंट का वार्षिक पुरस्कार, जून 2013

ओपीईसी फंड के चेयरमैन युसूफ कमाल ने मलाला को यह पुरस्कार प्रदान किया, जिसे मलाला के स्थान पर उसके पिता जियाउद्दीन युसुफ़ज़ई ने ग्रहण किया।

जब मलाला को यह पुरस्कार प्राप्त होने के बारे में पता चला तो उसने प्रतिक्रिया देते हुए संदेश दिया, 'उसे इतना प्रतिष्ठित पुरस्कार ग्रहण कर अतीव प्रसन्नता का अनुभव हो रहा है।' उसने यह आशा भी प्रकट की कि यदि सारे संगठन एक हो जाएं तो वे मिलकर लड़कियों की शिक्षा के लिए प्रयास कर सकते हैं, उन्हें सशक्त बना सकते हैं। उसने कहा कि यदि हम सच्चा विकास चाहते हैं तो लड़कियों को शिक्षा प्रदान करनी ही होगी।

मि. युसूफ़ज़ई ने अपनी पुत्री के स्थान पर पुरस्कार ग्रहण करते हुए कहा, 'मैं, मेरी बेटी मलाला, मेरा परिवार तथा मेरे देशवासी इस प्रतिष्ठित पुरस्कार को ग्रहण कर धन्य हो गए हैं। मैं आशा करता हूं कि यह पुरस्कार, अल्पसुविधा प्राप्त बच्चों के भविष्य को बेहतर बनाने और लड़कियों की शिक्षा के अभियान को आगे लाने में सहायक होगा, जिसके लिए मलाला ने अपना जीवन तक दांव पर लगा दिया था।'

इंटरनेशनल कैंपेनर ऑफ द ईयर, 2013 आब्जर्वर एथिकल पुरस्कार, टिप्पेररी अंतर्राष्ट्रीय शांति पुरस्कार

मलाला को उसके साहस, दृढ़ संकल्प, धैर्य तथा सारी दुनिया पर सकारात्मक प्रभाव डालने के लिए टिप्पेररी अंतर्राष्ट्रीय शांति पुरस्कार से सम्मानित किया गया। उसने दो सौ दर्शकों के सम्मुख, सभी देशों की सरकारों से यह अपील की कि वे अपने यहां उन कानूनों में बदलाव लाएं जो महिलाओं व बच्चों के खिलाफ़ भेदभाव करते हैं। उसने कहा, 'वह अपनी स्वात घाटी में वापिस जाना चाहेगी और अपने काम को जारी रखना चाहेगी ताकि पूरी दुनिया के बच्चे और लड़कियां समुचित शिक्षा का अधिकार पा सकें।'

अपने बीस मिनट के संबोधन में मलाला ने कहा कि वह एक ऐसी किशोरी के रूप में याद नहीं रखा जाना चाहती, जिसे गोली मारी गई थी। वह चाहती है कि लोग उसे एक ऐसे व्यक्ति के रूप में याद करें, जो लड़कियों के अधिकारों के लिए लड़ता है। पीस कन्वेंशन सचिव मार्टिन क्विन ने कहा कि उन्हें यह जानकर प्रसन्नता हुई कि मलाला ने स्वयं आकर पुरस्कार ग्रहण करने का निमंत्रण स्वीकार किया। उन्होंने कहा, 'मलाला इस शांति पुरस्कार के साथ ही उस उल्लेखनीय सूची का हिस्सा बन गई है जिसमें पाकिस्तान की भूतपूर्व प्रधानमंत्री स्वर्गीय बेनजीर भुट्टो भी शामिल हैं।' जो कॉस्टेलो नामक मंत्री ने कहा, 'मैं उनकी बहादुरी की कद्र करता हूं और मुझे प्रसन्नता है कि उनके द्वारा किए गए मानवता संबंधी प्रयासों को आज शाम सम्मानित किया जा रहा है। आज मलाला लाखों लोगों के लिए प्रेरणा स्रोत बन गई हैं।'

टिप्पेररी पुरस्कार की स्थापना अस्सी के दशक में की गई थी और यह पुरस्कार उन लोगों को दिया जाता है, जो शांति की बहाली के लिए प्रयत्न करते हैं। 2012 में हिलेरी क्लिंटन, सोनिया गांधी, कीनिया पत्रकार जॉन गिथोंगो तथा गैर लाभकारी कैथोलिक शांति आंदोलन के अग्रणी पैक्स क्रिस्टी इंटरनेशनल को भी इस सम्मान के लिए चुना गया।

इससे पूर्व भूतपूर्व दक्षिण अफ्रीकी प्रेसीडेंट नेल्सन मंडेला, भूतपूर्व सोवियत प्रेसीडेंट मिखाइल गोर्बाचोव तथा भूतपूर्व यू.एस. प्रेसीडेंट बिल क्लिंटन आदि को यह सम्मान दिया जा चुका है। पिछले वर्ष इस सूची में आयरलैंड की भूतपूर्व प्रेसीडेंट प्रोफेसर मैरी मैकएलिज और उनके पति सीनेटर मार्टिन मैकएलिज शामिल थे।

इंटरनेशनल चिल्ड्रन पीस प्राइज, किड्स राईट, 2013

मलाला को इंटरनेशनल चिल्ड्रन पीस प्राइज, किड्स राईट, 2013 से भी सम्मानित किया गया। मलाला ने द हॉग में हुए एक शानदार कार्यक्रम में 2011 के नोबल पुरस्कार विजेता तथा महिलाओं के अधिकारों के लिए लड़ने वाले तावाकोल करमान से यह सम्मान ग्रहण किया। एम्सटर्डम के एक संगठन ने कहा, 'मलाला ने सारी दुनिया की लड़कियों को शिक्षा का अधिकार दिलवाने के लिए अपने जीवन को दांव पर लगा दिया।'

इंटरनेशनल चिल्ड्रन पीस प्राइज, डच की किड्स राइट फाउंडेशन की एक पहल है, जिसे भूतपूर्व सोवियत नेता मिखाइल गोर्बाचोव द्वारा तब आरंभ किया गया था, जब वे रोम में नोबल पीस विद्वानों के सत्र में सभापति थे।

इसके अनुसार 100,000 यूरो की नकद धनराशि प्रदान की जाती है, जिसे विजेता अपने उद्देश्य की पूर्ति के लिए प्रयोग में लाता है। पिछले वर्ष यह पुरस्कार क्रिस को दिया गया था, जिसने स्वयं निराश्रित होने पर भी फिलीपीनो के सड़कों पर रहने वाले बच्चों के लिए कार्य किया।

उसे यह पुरस्कार दक्षिण अफ्रीका के शांति प्रतीक तथा नोबल पुरस्कार प्राप्त डेसमंड टुटु द्वारा दिया गया था, वे ही इस पुरस्कार के संरक्षक भी हैं।

एंबेसडर ऑफ कन्साईंस अवार्ड (एमनेस्टी इंटरनेशनल)

मलाला को एमनेस्टी इंटरनेशनल का सबसे प्रतिष्ठित पुरस्कार

'एंबेसडर ऑफ कन्साईस अवार्ड' भी प्रदान किया गया, यह उन लोगों को दिया जाता है, जो आजीवन एक मिसाल बनकर मानव अधिकारों के लिए कार्य करते हैं। यह पुरस्कार आयरलैंड, डबलिन के मैंशन हाउस में प्रदान किया गया।

'हमारे कन्साईस अवार्ड के दो नए राजदूत अपने-आप में कई तरह से अलग हैं, पर वे दोनों ही मानव अधिकारों के लिए लड़ने का अदम्य साहस रखते हैं। हैरी और मलाला सही मायनों में कन्साईस अवार्ड के अधिकारी हैं, जिन्होंने सार्वजनीन अधिकारों, न्याय तथा मानवीय मर्यादा के लिए आवाज़ उठाई और दूसरों को भी प्रेरित किया कि वे उनका अनुकरण करें।'

- सलिल शेट्टी,

एमनेस्टी इंटरनेशनल सैक्रेट्री जनरल

मलाला ने पुरस्कार प्राप्त होने पर कहा, 'मैं वास्तव में यह पुरस्कार पा कर बहुत ही गौरवान्वित हूं और इस अवसर का लाभ उठाते हुए, सबको यह स्मरण करवाना चाहती हूं कि पूरी दुनिया में मेरी तरह लाखों बच्चे मौजूद हैं, जो हर रोज स्कूल जाने के हक के लिए लड़ रहे हैं। उम्मीद करती हूं कि हम एक साथ मिलकर एक दिन दुनिया के हर कोने में बसे बच्चे को उसकी शिक्षा का अधिकार दिलवाने में सफल होंगे।'

हार्वर्ड फांउडेशन्स पीटर गोम्स मानवतावादी पुरस्कार (हार्वर्ड विश्वविद्यालय)

हार्वर्ड मेडिकल स्कूल में न्यूरोलॉजी प्रोफेसर तथा हार्वर्ड फाउंडेशन के निदेशक एस. एलन काउंटर ने कहा, 'हार्वर्ड फांउडेशन को 2013 का यह मानवतावादी पुरस्कार, मलाला युसूफज़ई को प्रदान करते हुए बहुत ही हर्ष का अनुभव हो रहा है। वे हमारे बीच विशेष अतिथि के रूप में उपस्थित हैं, जो हमारे लिए बहुत ही गर्व का विषय है। मलाला एक ऐसी लड़की का नाम है, जिसने अपने अदम्य साहस और अथक प्रयासों के बल पर लैंगिक समानता की हिमायत की ताकि पूरी दुनिया में लड़कियों को शिक्षा के अवसर प्राप्त हो सकें।'

'मलाला ने अपने बहादुरी भरे कारनामे से सभी संस्कृतियों, पृष्ठभूमियों तथा धर्मों के लोगों को प्रभावित किया है और मुझे पूरा विश्वास है कि उसका संदेश व मिसाल हमारे सभी छात्रों द्वारा अनुकरणीय होगा।'

मलाला के साथ डॉक्टर जुनैद भी गए थे, जिन्हें मलाला की जान बचाने का श्रेय दिया जाता है। उन्हें भी उसी समारोह में सम्मानित किया गया।

एना पोलितकोवसकया अवार्ड 2013 - रीच ऑल वूमन इन वार

'...मलाला ने भी एना पोलितकोवसकया की तरह अन्याय और अत्याचार के आगे झुकने से इंकार कर दिया। हमें मलाला को उसके साहस के लिए यह पुरस्कार देने में बहुत ही हर्ष का अनुभव हो रहा है। उसने ऐसे समय में अपनी आवाज़ उठाई, जब कोई कुछ बोलने का साहस नहीं संजो सका। वह उन युवतियों के साथ है जिनका स्वर कोई नहीं सुनता और वह लड़कियों के लिए शिक्षा के प्रचार का गहरा जुनून रखती है, हम उसके इस जज्बे को सलाम करते हैं।'

मलाला ने इस पुरस्कार के लिए अपनी प्रतिक्रिया देते हुए कहा, 'एना एक समर्पित पत्रकार और मानवतावादी अधिकारों के लिए लड़ने वाली निर्भीक योद्धा थी। उसने कई अहम मसलों को उठाया। ऐसे मसलों पर आवाज़ उठाई, जिनके बारे में बोलने का कोई साहस नहीं कर पाता था। मैं बहुत गौरव अनुभव कर रही हूं कि मुझे इस पुरस्कार के लिए चुना गया। इसपर एना का नाम लिखा है और मैं आशा करती हूं कि मैं भी उनकी तरह ही साहसी बनूंगी। मैं सत्य, समानता और मानवता के लिए एना के समर्पण की बहुत कद्र करती हूं।'

इसी समारोह में मलाला के धैर्य, करुणा व शांति भाव की भी सराहना की गई और उन्होंने कहा कि मलाला ने अपने हमलावरों के

ख़िलाफ़ भी कभी प्रतिशोध की भावना को प्रश्रय नहीं दिया। वे लोग मलाला की इस भावना का बहुत सम्मान करते हैं।

रिफ्लेक्शन ऑफ होप अवार्ड, ओकलाहामा सिटी, नेशनल मेमोरियल व संग्रहालय

मलाला के पिता ने यह पुरस्कार ग्रहण करते हुए कहा, 'मलाला और मैं आप सबके आभारी हैं। पूरी दुनिया से लोग हमारे परिवार के प्रति अपना स्नेह व सद्भावना प्रकट करने के लिए आगे आए हैं, जो कि बहुत ही मार्मिक है और हमें यह जानकर प्रसन्नता हुई कि ओकलाहामा सिटी का यह संस्थान भी उन लोगों में से एक है।'

विचारों की स्वतंत्रता के लिए शाकारोव पुरस्कार, यूरोपियन संसद 2013

मलाला ने पुरस्कार ग्रहण करते हुए कहा, 'हमारे यहां निर्धनता, आजादी का अभाव, भय तथा आतंकवाद है पर वहां आशा भी है, क्योंकि हम सभी उन बच्चों के लिए आवाज़ उठाने, उनके लिए बोलने और कार्यवाही करने के लिए उनके साथ हैं।'

मलाला ने कहा कि किसी भी देश की ताकत उसकी सेना में नहीं, बल्कि वहां के शिक्षित लोगों से मापी जानी चाहिए। उसने कहा कि अधिक-से-अधिक लोगों को इस काम के लिए आगे आना चाहिए। मलाला ने सबकी मदद मांगते हुए कहा, 'ये बच्चे अपने लिए आईफोन, एक्स-बॉक्स, प्लेस्टेशन या चॉकलेट नहीं चाहते, ये अपने लिए किताब, कॉपी और कलम चाहते हैं।'

एडिनबर्ग विश्वविद्यालय द्वारा कला स्नातक की मानद उपाधि, 2013

विश्वविद्यालय के प्रिंसिपल ने इस अवसर पर कहा, 'मलाला का

यहां आना हमारे लिए गौरव का विषय है और यह हमारा सौभाग्य है कि हम उसे कला स्नातक की मानद उपाधि प्रदान कर रहे हैं। शिक्षा के बुनियादी अधिकार के लिए उसका साहस व निश्चय निश्चित रूप से प्रशंसनीय है।'

प्राइड ऑफ ब्रिटेन, 2013

यह पुरस्कार उन ब्रिटिश लोगों को दिया जाता है, जिन्होंने चुनौतीपूर्ण परिस्थितियों में असाधारण वीरता का प्रदर्शन किया हो। इन्हें नामी हस्तियों के एक पैनल द्वारा चुना जाता है। पिछले पंद्रह सालों से देश अपने नायकों का सम्मान करता आ रहा है। इस तरह उनके नि:स्वार्थ साहस की कथाएं लोगों के सामने आती हैं और वे उनसे प्रेरित होते हैं। मलाला को भी इसी श्रेणी में शामिल किया गया।

वूमन ऑफ द ईयर, ग्लैमर पत्रिका 2013

मलाला को वर्ष 2013 में ग्लैमर पत्रिका ने वूमन ऑफ द ईयर भी चुना।

2013 जी जी 2 हैमर पुरस्कार, नवंबर (जी जी 2 लीडरशिप पुरस्कार)

मलाला युसूफज़ई, कायनात रियाज़ तथा शाज़िया रमजान को 27 नवंबर, 2013 को 'जी जी 2 हैमर पुरस्कार' के लिए चुना गया। मलाला ने जी जी 2 की पावर लिस्ट 101 में पहला स्थान पाया, क्योंकि उसके द्वारा लड़कियों की शिक्षा के लिए जो अलख जगाया गया, वह वास्तव में उल्लेखनीय था। जीजी 2 पावर 101 को द एशियन मीडिया व मार्केटिंग ग्रुप द्वारा तैयार किया जाता है, जो कि यू. के. में जीवन के सभी खास पक्षों से आए प्रभावशाली एशियाई लोगों की सूची तैयार करता है। यह अपने तीसरे वर्ष में है और इसने कई ऐसे ब्रिटिश एशियाई लोगों को भी सम्मान दिया है, जो न केवल ब्रिटेन बल्कि पूरी दुनिया में अपना प्रभाव रखते हैं।

मलाला का नाम एक साप्ताहिक प्रकाशन द्वारा ब्रिटेन के सबसे प्रभावशाली एशियाई व्यक्ति के रूप में चुना गया।

समानता व भेदभाव की नीति न अपनाने के लिए 2013 का इंटरनेशनल शांति पुरस्कार

मैक्सिको ने पाकिस्तानी छात्रा मलाला को यह पुरस्कार प्रदान किया, जो लड़कियों की शिक्षा को समर्थन देने के कारण तालिबानों की गोली का शिकार हुई।

मलाला को यह पुरस्कार इसलिए दिया गया, क्योंकि उसने मानव अधिकारों की रक्षा के लिए संकल्प लिया है और विशेष रूप से शिक्षा के अधिकार की सुरक्षा का जो बीड़ा उठाया है, वह किसी भी तरह से आयु, लिंग, जाति या धर्म के भेदभाव से परे है। यह पुरस्कार समारोह 2014 में हुआ। मलाला बच्चों के अधिकारों के लिए एक वैश्विक राजदूत के रूप में सामने आई है। वह इन दिनों ब्रिटेन में ही रह रही है। जहां उसे सर्जरी के बाद ले जाया गया था।

मलाला ने न केवल संयुक्त राष्ट्र को संबोधित किया बल्कि एक फंड की स्थापना भी की, जिसके द्वारा उन लड़कियों को आर्थिक सहायता दी जाती है जो स्कूल जाकर पढ़ना चाहती हैं।

मलाला युसूफज़ई को स्वीडन में 'विश्व बाल पुरस्कार' के लिए चुना गया। वह स्वयं एक बच्ची थी, परंतु इसके बावजूद वह न केवल पाकिस्तान बल्कि पूरी दुनिया के बच्चों की शिक्षा के लिए खड़ी हुई। उसे 2014 में 'स्कोल ग्लोबल ट्रेजर पुरस्कार' से सम्मानित किया गया।

मलाला को कनाडा के यूनिवर्सिटी ऑफ किंग्स कॉलेज से 'ऑनरेरी डॉक्टर ऑफ सिविल लॉ' का सम्मान प्रदान किया गया। इस अवसर को ऐतिहासिक बनाने के लिए कनाडा के इंटरनेशनल डेवलपमेंट रिसर्च सेंटर तथा यूनिवर्सिटी ऑफ किंग्स कॉलेज ने 'मलाला युसूफज़ई कनाडा छात्रवृत्तियों की घोषणा भी की। यह सुनकर मलाला ने कहा, 'जब किंग्स कॉलेज ने विकासशील देशों के छात्रों के लिए छात्रवृत्ति की घोषणा की तो मैं रोमांचित हो उठी। जो बच्चे एक बेहतर भविष्य,

एक बेहतर दुनिया की उम्मीद रखते हैं, उन्हें गुणवत्ता पूर्ण शिक्षा पाने का अवसर मिलेगा और यही सोचकर मैं बहुत प्रसन्न हूं।' कॉलेज ने कहा कि उसने मलाला की इस जंग से प्रेरित होकर ही यह कदम उठाया है। उन्होंने यह भी कहा कि वे इन छात्रवृत्तियों में निवेश कर रहे हैं, जो कि अपने-आप में एक लाभदायक सौदा है। '... न केवल लड़कियों को अपनी प्रतिभा सामने लाने का अवसर मिलेगा, बल्कि आने वाली पीढ़ियों से कई नेता, वैज्ञानिक, पत्रकार व शोधकर्ता आदि तैयार किए जा सकेंगे, ये वही लोग होंगे जो हमारी दुनिया को एक बेहतर और उन्नत भविष्य देंगे।'

2014 नोबल शांति पुरस्कार

मलाला ने भारत के बच्चों के अधिकारों के लिए आवाज़ उठाने वाले कैलाश सत्यार्थी जी के साथ मिलकर 2014 का नोबल शांति पुरस्कार पाया, जिन्होंने 'सेव द चिल्ड्रन' अभियान चलाया।

अपने आसपास इतनी ख्याति और प्रशंसकों के बावजूद मलाला अपने घर, अपनी स्वात घाटी को बहुत याद करती है। वह कहती है, 'मुझे अपना घर, अपना कमरा, वह यातायात और यहां तक कि कचरे का ढेर तक बहुत याद आता है।' परंतु उसके लिए वहां जाना खतरे से खाली नहीं है। तालिबानों ने कहा है कि वे जब भी मौका पाएंगे, मलाला को उनकी गोली का शिकार होना होगा। मलाला इस समय अपने परिवार के साथ विदेश में है और दुनिया में एक बदलाव लाने की मुहिम वहीं से चला रही है।

पिछली बार जब एक पत्रकार ने मलाला से स्काइप पर बात की तो वह अपने परिवार के साथ थी। उसने पूछा कि वह लोगों को क्या संदेश देना चाहती है। उसने कहा, 'आप उन्हें मेरी कल्पना की कथा सुना सकते हैं, जब अल्लाह ने आदमी और औरत को बनाया तो वह सोच रहा था कि दोनों में से यह ताकत किसे दी जाए कि वह अपनी ही तरह अगले इंसान को जन्म दे सके। और अल्लाह ने औरत को चुना। यही इस बात का सबूत है कि औरतें कितनी ताकतवर होती हैं।

वे कुछ भी कर सकती हैं। आओ और अपने अधिकारों के लिए संघर्ष करो; तुम्हारी अपनी आवाज़ उठाए बिना कुछ नहीं हो सकता।'

मलाला के अनुसार, 'यह इंतजार मत करो कि मैं तुम्हारे अधिकारों के लिए कुछ करूंगी। यह तुम्हारी दुनिया है और तुम इसे बदल सकती हो।'

6

...और पाया नोबल पुरस्कार

जब नोबल पुरस्कार कमेटी ने तय किया कि मलाला को नोबल पुरस्कार दिया जाना चाहिए। मलाला उससे बहुत पहले ही, अपने क्रांतिकारी विचारों के लिए कई बार सम्मानित की जा चुकी थी और उसे कई प्रकार के पुरस्कार व मैडल आदि भी दिए जा चुके थे। अक्टूबर 2014 के नोबल पुरस्कार से पूर्व ही वह अंतर्राष्ट्रीय सुर्खियों में आ गई थी। जब स्वात घाटी में उसका स्कूल बंद कर दिया गया तो उसने उसके ख़िलाफ़ आवाज़ उठाई और पूरी दुनिया को बता दिया कि तालिबान लड़कियों की शिक्षा के ख़िलाफ़ थे। तालिबानों के पास उसे चुप कराने के लिए गोली के सिवा कोई उपाय नहीं रहा, पर वे उसे गोली मारने के बाद भी चुप करवाने में असफल रहे। इसके विपरीत मलाला का नाम दुनिया में हर उस व्यक्ति की जुबान पर आ गया, जो अन्याय और अत्याचार के खिलाफ खड़े होने का साहस रखता है। और अब सत्रह वर्षीया मलाला को नोबल पुरस्कार दिया गया है और सारी दुनिया उसके विचारों से अवगत हो रही है।

मलाला जब ज़िंदगी और मौत के बीच झूल रही थी तो उसे बर्मिंघम लाया गया और अब वह वहीं के एक स्कूल में शिक्षा ग्रहण

कर रही है। अब वहीं उसका नया घर है। जब उसे वहां ले जाया गया तो बहुत से होंठ उसके लिए दुआ कर रहे थे, पर उसके बावजूद यह कहना कठिन था कि वह अपनी लंबी नींद से कभी जाग भी पाएगी या नहीं, परंतु मलाला मौत से की जा रही इस जंग में भी जीती और सबने एक चमत्कार घटते हुए देखा। उसने मौत को पछाड़ा और उठ बैठी। जब सारी दुनिया ने जाना कि मलाला को होश आ गया है और उसके जीवित रहने की संभावना बढ़ रही है, तो सबके बीच खुशी की लहर दौड़ गई। सबने अपने-अपने ईश्वर को धन्यवाद दिया कि उसने उनकी प्रार्थना सुन ली और मलाला की प्राण रक्षा हो गई।

मलाला ने अपना नोबल पुरस्कार पाने की खुशी, सबसे पहले अपने स्कूल में, अपने सहपाठियों के साथ बांटी। स्कूल ही तो वह स्थान था, जहां वह हमेशा से रहना चाहती थी। उसने कहा

'यह पुरस्कार उन सभी बच्चों के नाम है जिनकी आवाज़ कोई नहीं सुनता, उनकी आवाज़ें सुनी जानी चाहिए। मैं उनके लिए बोलती हूं और हमेशा उनके साथ खड़ी हूं। मैं उनके अभियान में उनके साथ शामिल हूं।' उसने शुक्रवार को बर्मिंघम पुस्तकालय की एक न्यूज कांफ्रेंस में कहा। 'उनके भी अपने अधिकार हैं। उन्हें भी उचित गुणवत्ता की शिक्षा पाने का अधिकार है, उन्हें अधिकार है कि उन्हें बाल श्रम की चक्की में न पीसा जाए, उन्हें बाल शोषण का शिकार न बनाया जाए। उन्हें भी प्रसन्नतापूर्ण जीवन जीने का अधिकार है।'

मलाला ने कहा कि साठ वर्षीय भारतीय कैलाश सत्यार्थी जी के साथ नोबल पुरस्कार ग्रहण करना, उसके लिए सम्मान तथा गौरव का विषय है, क्योंकि उन्होंने अपना सारा जीवन बच्चों को गुलामी और शोषण से दूर करने में लगाया है। मलाला ने भारत व पाकिस्तान के प्रधानमंत्रियों को भी निमंत्रण दिया कि वे नोबल पुरस्कार समारोह में आएं। मलाला पाकिस्तान में महिलाओं के अधिकारों के लिए लड़ने का प्रतीक बन गई है।

यह वही लड़की है, जिसके बचने की आशा न के बराबर बची थी। जब मलाला गोली लगने के बाद बेसुध थी और डॉक्टरों ने यह

कह दिया था कि अल्लाह से दुआ की जाए तो उसके अब्बा ने अपने साले को स्वात में संदेश भिजवा दिया था कि मलाला के ताबूत का प्रबंध कर दिया जाए। मलाला के अब्बा के लिए कैसी कठिन घड़ियां रही होंगी कि वे अपनी आंखों के आगे अपनी बेटी को मौत से खेलते देख रहे थे और फिर भी कुछ नहीं कर पा रहे थे। आज उनकी वही बेटी, पूरी दुनिया की लाडली बन गई है। मलाला को जब होश आया तो उसके दिमाग में सबसे पहले यही विचार आया कि वह जीवित थी। उसने अल्लाह को धन्यवाद दिया और देखते-ही-देखते उसके पलंग के आसपास शुभचिंतकों द्वारा भेजे गए फूलों, ख़तों व खिलौनों का अंबार लग गया। उसने अपने सभी शुभचिंतकों को धन्यवाद कहलवाया और तीन माह बाद, मुस्कुराते हुए अस्पताल की चारदीवारी से बाहर आई। वे लोग उन दिनों बर्मिंघम में थे और तालिबान फिर से मलाला और उसके अब्बा को जान से मारने की धमकी दे चुके थे। पाकिस्तान ने मलाला के पिता को तीन साल के लिए वहीं नौकरी दे दी ताकि परिवार को थोड़ी स्थिरता मिल सके और मलाला सुरक्षित रूप से स्कूल जा सके।

मलाला अपने स्कूल तो गई, पर साथ ही अपने अभियान को भी आगे बढ़ाती रही जिसके तहत वह लड़कियों की शिक्षा के लिए प्रयासरत थी। उसने प्रेसीडेंट बराक ओबामा से भेंट की, अधिकारों के लिए की गई कांफ्रेंसों में हिस्सा लिया, कार्पोरेट प्रसंगों में वक्ता के रूप में गई और ऐसे लोगों से भी मिली, जो अपनी ताकत और पैसे के बल पर, उसके अभियान में सहायक हो सकते थे। उसने अपने सादे, सरल व सहज स्वभाव से सभी का मन मोह लिया। महिलाओं के लिए की गई एक सभा में उसने बड़ी ही मासूमियत से बताया कि उसके पास मोबाइल फोन नहीं था। सारी भीड़ सुनकर स्तब्ध रह गई और फिर वे उस किशोरी की बात पर दबी हंसी भी हंसने लगी, जो यह कबूल कर रही थी कि उसे फोन की आवश्यकता ही नहीं थी।

मलाला ने अपने नाम पर लिखी जा रही पुस्तक के लिए सह-लेखन किया। उसे अगली बैटी टी.वी. शो बेहद पसंद है। इसके अलावा वह

पॉप स्टार जस्टिन बीबर को पसंद करती है। कुकिंग शो 'मास्टर शेफ' भी बेहद शौक से देखती है। 'अफगान वूमन स्पीक' के सह-लेखक डेविड कार्टराइट ने उसके बारे में कहा, 'मलाला अफगानिस्तान और पाकिस्तान में उन अनेक महिलाओं के लिए शक्ति व प्रेरणा का स्रोत रही है, जो अपने अधिकारों के लिए आवाज़ उठाती रही हैं तथा तालिबान और युद्ध के भार से दबी जनता के लिए लड़ती रही हैं।' जब अस्पताल के डॉक्टरों, स्कूल अधिकारियों और बर्मिंघम के नागरिकों को मलाला के इस पुरस्कार के बारे में पता चला तो उनमें से किसी को भी इस विषय पर हैरानी नहीं हुई, क्योंकि वे जानते थे कि मलाला इसे पाने की सही हकदार है। वे मलाला के प्रशंसकों में से हैं। मलाला ने भी पूरी ललक से उनके शहर को अपनाया है और अपने-आप को गर्व से 'ब्रंबीज़' कहती है, जैसे कि अन्य स्थानीय व्यक्ति अपना परिचय देते हुए कहते हैं।

यह खबर पाकर लोगों ने यही प्रतिक्रिया दी कि इस पुरस्कार ने मलाला के प्रति हमारे सम्मान को और भी बढ़ा दिया है। मलाला ने जो किया है, वह वास्तव में उल्लेखनीय है और बहुत लोगों में ऐसा करने का साहस नहीं होता। मलाला आज भी इस संकल्प पर दृढ़ है कि वह एक दिन पाकिस्तान जाएगी और वहां की राजनीति में हिस्सा लेगी। पुरस्कार की राशि 1.1 मिलियन डॉलर को उसके और सत्यार्थी के बीच आधा-आधा बांटा जाएगा।

दानशीलता

नोबल पुरस्कार विजेता एजुकेशन एक्टिविस्ट मलाला युसूफ़ज़ई ने घोषणा की है कि वह वर्ल्ड चिल्ड्रन पुरस्कार से प्राप्त धनराशि उन यू.एन. स्कूलों के पुनःनिर्माण के लिए देगी, जो हाल ही में हुए गाजा संघर्ष की बमबारी में नष्ट हुए हैं। मलाला ने कहा कि यह धनराशि पैंसठ स्कूलों के लिए जाएगी, जिससे युद्ध की मार से त्रस्त बच्चों को फिर से पढ़ने का अवसर मिलेगा। 'हमें मिलकर काम करना होगा ताकि फिलीस्तीनी लड़के-लड़कियों और बाक़ी सभी

बच्चों को भी सुरक्षित वातावरण में अपनी शिक्षा पाने का हक मिल सके। हमें शांति और शिक्षा के लिए एकजुट होना होगा, क्योंकि इस तरह हमारी ताकत बढ़ेगी।'

फिलीस्तीनी शरणार्थियों की मदद के लिए बनी यूनाइटेड नेशंस रिलीफ एंड वर्क्स एजेंसी के कमिश्नर जनरल ने कहा, 'मलाला अपनी अल्पायु के बावजूद,अपने साथ-साथ दूसरे बच्चों की शिक्षा के लिए भी संघर्ष करती आई है और वह उन सभी बच्चों के लिए एक मिसाल है, जो संघर्षों से जूझ रहे हैं। वह उन्हें प्रेरणा देती है कि वे भी अपने लिए कुछ कर सकते हैं। मलाला की इस दानशीलता से उन सभी लड़के, लड़कियों और अध्यापकों के जीवन को एक नई राह मिलेगी, जो स्कूलों के नष्ट हो जाने के कारण अपनी उम्मीदें खो बैठे थे। फिलीस्तीनी इस बात को समझते हैं कि भावी पीढ़ी को कौशलयुक्त बनाना है तो उसे उचित शिक्षा प्रदान करनी ही होगी।' गाजा में सात सप्ताह तक चलने वाले इस संघर्ष में करीबन 2100 फिलीस्तीनी नागरिक मारे गए।

अब भी बच्चों व उनके कल्याण के लिए कार्यरत

मलाला को स्वीडन में जो 'वर्ल्ड चिल्ड्रन पुरस्कार' प्राप्त हुआ, उसे पाने के बाद मलाला को सबसे अधिक खुशी इस बात से हुई कि उसके लिए पूरी दुनिया से लाखों बच्चों ने उसे वोट किया था। उसने पुरस्कार लेते हुए कहा, 'यह बच्चों का नोबल पुरस्कार है और मुझे इस बात का गर्व है कि बच्चों ने ही मुझे इसके लिए चुना है। यह केवल मलाला नामक एक लड़की के लिए नहीं है। यह उन सभी बच्चों के नाम है जो किसी-न-किसी कारण से स्कूल नहीं जा पाते।' मलाला ने पारंपरिक रूप से उस पुरस्कार राशि को बच्चों के स्कूलों के लिए ही दान कर दिया है, जिसने एक बार सिद्ध कर दिया है कि अब बच्चे भी अपने अधिकारों के लिए खड़े हो रहे हैं और वे सारी दुनिया को कहना चाहते हैं कि शिक्षा प्राप्त करना उनका जन्मसिद्ध अधिकार है।

मलाला को सारी दुनिया से बच्चों के ख़त, संदेश, टी.वी. पर

बधाईयां तथा पोस्टकार्ड आदि मिले हैं, जिन्हें देख कर वह भावविभोर हो जाती है। उसका कहना है, 'यह सब देखकर मुझे आगे बढ़ने की प्रेरणा मिलती है। मैंने जो भी शारीरिक और मानसिक कष्ट सहा, वह काफ़ी हद तक मिट जाता है। अपने साथ घटी घटना से पहले मैं एक लड़की थी, पर अब ऐसा लगता है कि इस जंग में मैं अकेली नहीं, मेरे साथ लाखों लड़कियां आकर खड़ी हो गई हैं।'

स्वीडन का यह पुरस्कार उन लोगों को ही दिया जाता है, जो बच्चों के अधिकारों की रक्षा के लिए किसी-न-किसी रूप में सहायक होते हैं। 2014 के मानद पुरस्कार का पहला पुरस्कार भूतपूर्व यू.एस माइक्रोसॉफ्ट एक्जीक्यूटिव जॉन वुड को दिया गया, क्योंकि उन्होंने बच्चों के लिए रीडिंग प्रोग्राम को प्रोत्साहित किया और दूसरा मानद पुरस्कार नेपाल की समाजसेवी इंदिरा राणामागर को कैदी बच्चों की सहायता के लिए दिया गया।

वह नेता बनना चाहती है

पाकिस्तानी किशोरी मलाला ने इच्छा प्रकट की है कि वह राजनीति में भाग लेगी, स्वात वापिस जाएगी। उसने भारत और पाकिस्तान के प्रधानमंत्रियों को न्यौता दिया है कि वे दिसंबर में होने वाले नोबल पुरस्कार ग्रहण समारोह में अवश्य पधारें। मलाला की आत्मा आज भी स्वात में ही बसती है। 'मैं चाहती हूं कि लोगों के बीच जागरुकता फैलाते हुए उनकी समस्याओं के समाधान तलाश करूं। मैं स्थानीय स्तर पर राजनीति आरंभ कर, उसे राष्ट्रीय व अंतर्राष्ट्रीय स्तर पर ले जाना चाहती हूं। मैं चाहती हूं कि सभी दल मिलकर देश की समृद्धि व संपन्नता के लिए काम करें। हमें मिलकर, एकजुट होकर देश के लिए काम करना चाहिए। राजनीतिक दलों का लक्ष्य यही होना चाहिए कि लोगों को भोजन व शिक्षा जैसी बुनियादी सुविधाएं मिल सकें। अब मुझे खुशी है कि मेरे प्रयासों के कारण अंतर्राष्ट्रीय समुदाय ने भी शिक्षा प्रदान करने पर अपना ध्यान केंद्रित किया है। हमें मिलकर काम करना होगा। पाकिस्तान में आज भी 57 मिलियन बच्चे स्कूलों

से बाहर हैं। मेरा सपना यही है कि हर पाकिस्तानी बच्चे को गुणवत्ता शिक्षा प्रदान की जाए।' मलाला ने कहा कि वह अपनी नोबल पुरस्कार से मिली धनराशि को पाकिस्तान की शैक्षिक परियोजनाओं में लगाएगी और पाकिस्तान में एक उच्चस्तरीय गुणवत्ता का स्कूल भी खोलेगी।

नोबल पुरस्कार मिलने पर उसने कहा, 'मैं नोबल पुरस्कार पाने की अपेक्षा नहीं कर रही थी। मैं अपनी रसायन विज्ञान की कक्षा में थी, जब मेरी टीचर ने मुझे इस बारे में सूचना दी। सभी बच्चे व अध्यापक सभा में एकत्र हो गए और मैंने बहुत ही घबराहट के बीच उन्हें एक छोटा सा भाषण दिया।'

हमें दुनिया में अमन शांति के लिए बच्चों को किताबें देनी होंगीं

मलाला को जब पता चला कि उसे नोबल पुरस्कार दिया गया है तो वह उस समय अपनी कक्षा में थी। बच्चों ने तालियों से उसका अभिनंदन किया और मलाला फंड से ट्वीट किया गया–

'मलाला पुरस्कार मिलने से संबंधित प्रतिक्रिया तभी दे सकेगी, जब वह अपनी कक्षाएं समाप्त कर लेगी।'

ग्यारह दिन बाद मलाला ने अपनी एक सुबह फिलेडेल्फिया के स्कूली बच्चों के साथ बिताई और दोपहर को उसने फोर्ब्स फर्स्ट एनुएल में, पत्रकार रोनन फैरो से बातचीत की। सभी दर्शकों ने खड़े होकर मलाला का अभिनंदन किया और मलाला ने उन्हें बताया कि वह आज वहां या संयुक्त राष्ट्र में बोलते हुए इतना नहीं घबराई थी, जितना भय उसे अपनी कक्षा के सहपाठियों के सम्मुख भाषण देते समय लगा था। उसने कहा कि यह पुरस्कार बच्चों को प्रेरित करेगा कि वे भी कुछ कर सकते हैं और उनकी बात या विचारों को केवल यह कहकर नकारा नहीं जा सकता कि वे बच्चे हैं। इसी से पता चलता है हम बच्चे जो भी करते हैं, उसका असर भी समाज व देश पर दिखाई देता है।

मलाला ने बराक ओबामा से भी भेंट की और उनके साथ अपने विचार बांटे। मलाला ने कहा कि अगर यू.एस हथियारों पर खर्च किया

जाने वाला धन वैश्विक शिक्षा पर व्यय करे तो वाकई यह दुनिया बदल सकती है। उसने उन्हें कहा कि शिक्षा ही आतंकवाद से लड़ाई लड़ने का सबसे बेहतर हथियार है। हो सकता है कि हम हमला करके एक-दो आतंकवादियों को मार दें, पर इससे आतंकवाद का खात्मा नहीं होगा। अगर इक्का-दुक्का आतंकियों को मारने की मुहिम जारी रही तो आतंकवाद भी फैलता रहेगा। हमें आतंकवाद की जड़ पर प्रहार करना होगा। उसने उन्हें कहा कि वे पाकिस्तान में प्रजातंत्र को बढ़ावा देने में सहायक हों ताकि वह भी विकसित देशों की सूची में अपना नाम लिखवा सके। हालांकि मलाला ने उसके बातों पर ओबामा की प्रतिक्रिया को सार्वजनिक रूप से प्रकट नहीं किया, परंतु बहुत अधिक आयु की न होने पर भी उसे इतना तो पता ही है कि अगर कोई बदलाव लाना है तो किसी का भी मुंह ताकने से पहले, स्वयं ही शुरुआत करनी होगी।

जब उससे उसके घरेलू जीवन के बारे में पूछा जाता है तो वह बताती है कि घर में प्राय: छोटे भाइयों से उसकी झड़प होती रहती है।(एक दिन जब मलाला ने भाई को अपना आईपैड नहीं दिया, तो उसने खीझ कर कहा, 'दुनिया तुम्हें सबसे बहादुर लड़की मानती है, पर तुम तो बहुत ही बेरहम हो, अपने भाई को आईपैड तक नहीं दिखातीं।)

मलाला अकसर अपने भाइयों के उलाहने याद कर हंस पड़ती है। मलाला को भी अपना होमवर्क पूरा करना होता है। जब उसे नोबल पुरस्कार मिलने के बाद फोनों का तांता बंध गया, तो वह उस दिन अपना गृहकार्य पूरा नहीं कर सकी। सोमवार को कक्षा में अंग्रेज़ी की अध्यापिका ने पूछा, 'तुम्हारा काम कहां है?' मलाला ने कहा कि उसे पुरस्कार मिला था, इसलिए व्यस्तता के कारण वह काम पूरा नहीं कर सकी। अध्यापिका ने मज़ाक में कहा,'पुरस्कार मिल गया तो क्या, होमवर्क तो करना ही चाहिए था।' मलाला ने अगले दिन काम पूरा करके लाने का वादा किया। मलाला इस व्यस्तता के बीच भी सब कुछ संभाल रही है। उसका

कहना है, 'मैं इस समय जिस भूमिका में हूं, यह मुझे किसी ने सौंपी नहीं है। मैंने स्वयं इसे अपने लिए चुना है।'

जॉन स्टीवर्ट

मलाला बहुत ही सरल और प्यारी किशोरी है। पिछले वर्ष यूरोपियन संसद का पुरस्कार जीतने से पूर्व जॉन स्टीवर्ट(एक डेली शो के मेजबान) उससे इतना प्रभावित हुए कि पूछ ही बैठे कि अगर वे उसे गोद लेना चाहें तो उसके पिता को कोई आपत्ति तो नहीं होगी।

मलाला ने उन्हें साक्षात्कार में कहा, 'मैंने हर संभव मंच से अपनी बात कही है और मैं सारी दुनिया को बताना चाहती थी कि स्वात में हम आतंकवाद से जूझ रहे हैं और हमें इस आतंकवाद को जड़ से मिटाना होगा।'

मलाला नोबल पुरस्कार प्राप्त करने के बाद

सत्रह वर्षीया मलाला तालिबानों के खिलाफ खड़ी हुई है और संयुक्त राष्ट्र को संबोधित भी किया है। पर आज भी वह गणित के टेस्ट का नाम सुनते ही घबरा जाती है। मलाला को पाकिस्तान की स्वात घाटी में तालिबानों द्वारा गोली मारी गई थी, जब वह लड़कियों की शिक्षा पर हुए हमले के ख़िलाफ़ आवाज़ उठा रही थी। उसे यह याद नहीं कि जब बंदूकधारी नकाबपोश ने आकर पूछा था कि मलाला कौन है, इसके बाद क्या हुआ था। उसे यह भी याद नहीं कि उसने कहा था, मैं मलाला हूं। दरअसल उस समय जब वह बेसुध हुई तो उसकी आंख ब्रिटेन में ही खुली। वह मौत के जितना करीब से होकर आई है, अल्लाह ने मेहर करते हुए उस सारे प्रसंग को उसके दिमाग की गहराईयों में कहीं दफन कर दिया है। मलाला एक नए इंसान के रूप में सामने आई है। ऐसा लगता है मानो उसका नया जन्म हुआ हो। उसका कहना है कि अब वह भय और साहस दोनों को ही सही मायनों में पहचानती है। जब एक पत्रकार मलाला का साक्षात्कार लेने गया तो उसने कहा कि जाते समय उसके दिमाग में था कि वह किसी

स्कूली लड़की से मिलने जा रहा था, पर जब वह वापिस आया तो उसके दिमाग में यह बात थी कि वह एक असाधारण युवती से मिल कर आया था। मलाला ने साक्षात्कार में कहा कि उसे यू.एन. के नाम संबोधन से इतना भय नहीं लगता, जितना कि वह गणित के टेस्ट के नाम से घबरा जाती है।

पत्रकार ने कहा, 'अगर वह राजनीति की बात करती है और उसमें अपनी महत्त्वपूर्ण भूमिका की चर्चा करती है तो ऐसा लगता है कि हम किसी वयस्क से बात कर रहे हैं, पर जब वह गणित से घबराने की बात करती है या अपने उन भाइयों के नाम उलाहना देती है जो उसकी इ़ज़्ज़त नहीं करते तो वह एक दूसरी ही किशोरी बन जाती है। मानो एक ही व्यक्ति के भीतर दो व्यक्ति जी रहे हों।'

मलाला इन दिनों ब्रिटेन में रह रही है। उसे पूरी उम्मीद है कि एक दिन वह पाकिस्तान वापिस जाएगी और राजनीति में प्रवेश करेगी। पत्रकार ने कहा कि वह उसके लिए भयभीत है, पहले मलाला एक डॉक्टर बनना चाहती थी, पर अब उसे लगता है कि वह अपनी शिक्षा पूरी करने के बाद एक नेता बनेगी और हम सब जानते हैं कि पाकिस्तान में पिछली प्रमुख राजनेत्री के साथ कैसा बर्ताव किया गया, उनका क्या हश्र हुआ। मलाला भी जानती है कि यह सब किसी जोखिम से कम नहीं है, पर वह हर तरह का जोख़िम उठाने को तैयार है, क्योंकि वह इस भय से ऊपर उठ चुकी है। बेनजीर भुट्टो की पाकिस्तान में हत्या कर दी गई थी।

जब पत्रकार मलाला का साक्षात्कार लेने पहुंचे तो उसने उन्हें प्रतीक्षा करने को कहा, क्योंकि वह उस समय स्कूल में थी और उसके बाद दुनिया ने जाना कि मलाला युसूफ़ज़ई सत्रह वर्षीया मलाला, नोबल पीस प्राइज पाने वाली सबसे अल्पायु की व्यक्ति बन गई है। वह उस समय अपने स्कूल में ही थी, जब यह घोषणा की गई थी। यह वही जगह थी, जहां वह हमेशा से होना चाहती थी। दुनिया की मीडिया उसकी प्रतिक्रिया जानने को बेताब थी, परंतु उसने कहा कि वह केमेस्ट्री की कक्षा समाप्त होने के बाद ही अपनी बात कहेगी।

मलाला ने बड़ी निर्भीकता से न केवल कठोर शरीआ नियमों को चुनौती दी, बल्कि पाकिस्तानी सामाजिक व धार्मिक ठेकेदारों को भी ललकारा, जो लड़कियों की शिक्षा के खिलाफ थे और यह चाहते थे कि उन्हें छोटी उम्र में विवाह के बाद, घर की चारदीवारियों में बंद कर दिया जाए। पिछले साल भी मलाला का नाम नोबल शांति पुरस्कार के लिए मनोनीत किया गया था, परंतु कमेटी ने इस निर्णय को कुछ समय के लिए स्थगित रखा। नार्वेजियन नोबल संस्था के डायरेक्टर गीर लुंडीस्टाड ने नोबल पुरस्कार के औपचारिक यू ट्यूब चैनल पर पोस्ट किए गए एक वीडियो में कहा, 'और कमेटी मलाला से बहुत प्रभावित हुई है...पर यह भी सच है कि वह एक लड़की है, उसकी आयु सत्रह वर्ष है। और यह सब नाटकीय रूप से उसके जीवन को हमेशा के लिए बदल देगा। हम हमेशा उसकी बेहतरी की दुआ करते हैं।'

पाकिस्तान में सार्वजनिक रूप से हर स्थान पर सराहा नहीं गया

पाकिस्तान में एक रिपोर्टर ने कहा कि मलाला के इस नए जीवन के बारे में लोग अलग-अलग राय रखते हैं। कुछ लोगों का कहना है कि यह केवल पश्चिमी विचारधारा को प्रोत्साहन है और कुछ का यह भी कहना है कि मलाला एक शक्तिशाली बल के रूप में धार्मिक कट्टरता का विरोध करते हुए, स्त्री शिक्षा की हिमायत कर सकती है।

पाकिस्तान में धार्मिक पूर्वाग्रहों के कारण, देश के एकमात्र अन्य विजेता न्यूक्लियर वैज्ञानिक अब्दुस सलाम की 1979 उपलब्धि को केवल इसलिए उपेक्षित किया गया, क्योंकि वे एक अहमदी थे, जिसे पाकिस्तान का संविधान भी मुसलमान नहीं मानता। सारी दुनिया मलाला को मिले इस सम्मान के प्रति उत्साहित थी, परंतु मलाला ने इसे बहुत ही सहज भाव से ग्रहण किया। उसने अपनी स्कूल की कक्षाएं पूरी कीं और इस बाबत पूछने पर उसने कहा, 'मेरे लिए यह हमेशा की तरह एक आम दिन ही था।'

मलाला युसूफ़ज़ई ने साठ वर्षीय कैलाश सत्यार्थी जी के साथ 2014 का नोबल शांति पुरस्कार प्राप्त किया। यह पुरस्कार मिलने से कुछ दिन पूर्व स्टीवर्ट नामक साक्षात्कारकर्ता ने मलाला से पूछा कि जब उसे यह पता चला कि तालिबान उसे जान से मार देना चाहते थे तो उसकी प्रतिक्रिया क्या रही।

मलाला के उत्तर के अंश थे, 'मैं इस बारे में सोचने लगी, और मैं अकसर यही सोचती कि कोई तालिबान आएगा और मुझे जान से मार देगा, पर फिर मैं अपने-आप से कहती, 'मलाला, जब वह आएगा तो तू क्या करेगी?' फिर मैं अपने-आप को ही उत्तर देती, 'मलाला उसकी एक जूते से पिटाई लगा देना।' फिर मैं अपनी ही बात को काट कर कहती कि अगर मैंने उसे जूते से मारा तो उसमें और मुझमें अंतर क्या रहा। हमें दूसरों के साथ वैसा बर्ताव नहीं करना चाहिए, जो हम अपने लिए न चाहते हों। अगर उसकी किसी बात का विरोध करना ही है तो उसके लिए संप्रेषण व शिक्षा का सहारा लिया जा सकता है। फिर उसने यह तय किया कि वह तालिबान से भी कहेगी कि वह उसके बच्चों के लिए भी शिक्षा का हक पाना चाहती है और अब वह जो जी में आए, कर सकता है।'

हम जल्दी ही पाकिस्तान में मानव अधिकारों के लिए लड़ने वाली एक नेता के उदय का साक्षी बनने जा रहे हैं और कौन जाने, मलाला का यह नोबल शांति पुरस्कार ही भारत-पाकिस्तान के संबंधों को मधुर बनाने में सहायक हो जाय।

■■■